かれらの日本語

台湾「残留」日本語論

安田敏朗

人文書院

はしがき

本書のタイトルは『かれらの日本語』である。

この「かれら」がだれのことを指しているのか、そして「かれら」というのだから「わたしたち」も想定されているのかどうか、さらにまた「日本語」とはなにか、といったことは追々ふれるとして、まずは「ことばはだれのものか」ということを考えてみたい。

いきなり哲学的であるが、わたしはそれほど哲学的ではない。そもそも、「ことば」とはなにか、という問いにきちんと答える準備すらない。ことばとは「所有」できるものなのか、そしてはたまた「もの」なのか、といった議論もどこかでなされているのだろうけれども、要領よくまとめる力もない。

『「国語」の近代史――帝国日本と国語学者たち』（中公新書、二〇〇六年）を書いたときに、ことばとはこれまで「国家」のもの、とか、「民族」のもの、とかと強調されすぎてきたのではないか、と述べた。一方で、「日本語は日本人だけのものではなく、そこを訪れるだれのものでもある」（川口良・角田史幸『日本語はだれのものか』吉川弘文館、二〇〇五年）と論じられていることをとりあげ、わからないでもないが、これは結局「日本人のもの」を前提とした論でしかない、と指摘した。だからこそ、まずは「ことばとはわたしのもの」と考えるところからはじめたい、と本の末尾で主張した。

しかしながら、本の末尾まで読ませる筆力がないからかもしれないが、この主張はあまり受け入れられていないように思われる（そもそもあまり反応がないのではあるが）。そこで、「ことばとはわたしのもの」ということにいくらかでも説得力をもたせるために、本書では「かれらの日本語」をあえて想定してみた。日本語をだれか別の人たちにも共有させようとしたときに生じたさまざまな言説。確とした「日本語」が想定できないにもかかわらず、そこに確たる「日本語」があるかのようにふるまっていることに、「かれらの日本語」を想定することで、ふと気づかされてしまうことになるわけである。具体的には植民地とした台湾で使用されていた日本語への視線、植民地支配が終わったあとにも使用されつづけている日本語への視線のあり方を論じることになるのだが、「わたしたちの日本語」と同一化しようという目標がありつつも、決してそうはさせたくないという思惑、そして「わたしたちの日本語」という考え方はあるにせよ、その内実は標準の浸透していない曖昧なままであるという現実とが絡まり合うなかで「かれらの日本語」が語られてきた。植民地支配が終わると、それは一方的にノスタルジックに語られ、あれほど貶めていたのに、「美しい」やら「植民地国語教育は成功であった」などとそれぞれの都合のよいように評価されていく。

こうした問題点を浮きあがらせるためには、「かれらの日本語」というとらえ方がとりあえず有効だろうと判断した。そしてそこから反転して、「日本語は日本人のもの」というとらえ方のもつ問題もみえてくるであろう。「日本人のものなのに、台湾人にも教えなければならない」となったときにあれこれと困難を呼びこんだわけであるから。

それはまた、「かれらの日本語」という視線自体への批判にもなるはずである。

こうしたことをふまえて、本書では、最終的に「ことばとはわたしのものでしかない」という主張にもっていきたいのであるが、さて、うまくこの終着点にたどりつけるだろうか。

早速、はじめたい。

目次

はしがき

はじめに――「JAPANデビュー」……13

第一章　日本語への視線
――「かれらの日本語」という問題……19

1　日本語への意味づけ　19
学術的視線のもつ問題――現在との直接的対比
映画『台湾人生』をめぐって
意味づけのあり方――過剰／剝奪／再定義
意味の横領

2　「残留日本語」をめぐって　30

第二章　「かれらの日本語」発生の前提……35

1　植民地の国語教育　35
国語普及体制の構築

国語普及の進展状況
さまざまな「かれらの日本語」
反復・増幅される差異
精神教育へ――国語と皇民化
2 話しことばへの注目――現場教員 47
3 「二語併用地」としての台湾――安藤正次 51
『半島の子ら』から
4 「会話一元」という思想――山崎睦雄 60
解決されるべき二語併用
「生活語」とは何か
「論理語」の排除――話しことばと身体所作
相対化される「標準語」
「会話一元」の思惑
5 排除される台湾語 70
第三章 「かれらの日本語」の発生…… 73
1 「会話一元」の実際――公学校の国語 74
「自分勝手な常用体」の発生

言語政策担当者の認識――統制の必要
2 日本人教師の話しことば 79
川見駒太郎の場合
呉濁流『アジアの孤児』から
一九九〇年のインタビューから
3 「台湾方言」としての「かれらの日本語」――福田良輔の議論 87
言語政策の基本構想
「学童用語の国語」
もうひとつの日本語――「破格の国語」
ひとつの日本語への志向
4 「台湾方言」と内地日本語の接続 101
アクセント型による接続――寺川喜四男の議論
歴史的過去での接続――吉原保の議論
5 内地日本語から発生する「台湾方言」 110
6 原住民と国語 118
就学率と国語普及率
教員のことば
教員としての巡査

記述される原住民の母語
旅行者の目から
登山との関連

第四章 「かれらの日本語」の展開……137
——一九四五年以降の台湾と日本語

1 日本語の内部化 137
2 「再発見」される日本語——一九六〇年代の議論 142
一九六〇年代の台湾と日本
「成功」した国語教育——岩崎玄「台湾における日本語」
国語教育の再検証——魚返善雄「台湾日本語教育の秘密」
稀薄な「植民地経験」の共有
3 教員たちの回顧——国語教育の評価 154
「生まれながらの日本人」を「真の日本人」へ——吉原保の場合
反復する理念——木村万寿夫の場合
教員再配置——国語教育理念の継続
4 原住民の日本語 169
台湾山岳会の継続
「台湾の山と蕃人」から「台湾の山と人」へ

第五章　「日本語教育史」の再編……177
――「成功」の歴史なのか
1　植民地国語教育の二重性　177
日本語教育か国語教育か
日本語教育の場としての植民地
国語教育と日本語教育の交差点としての植民地
2　植民地国語教育から日本語教育へ　185
日本語教育学会
日本語教育史の脱歴史化
技術的側面の「成果」の強調
3　植民地朝鮮の国語教育の語り直し　190
4　植民地教育史としての国語教育史　193
第六章　「かれらの日本語」、その後……195
――一九九〇年代以降の議論
1　「消えゆく」ものとして　195
2　再認識される言語使用――記述の対象へ　197
3　日本語クレオールという問題　202

クレオールの発見
日本語クレオールという政治
4　「日本語クレオール」から「宜蘭クレオール」へ　212

おわりに――「わたしたちの日本語」の解体にむけて……219

1　棄ててきた日本語　219
2　異郷の日本語　222
3　再生産される差異――『台湾万葉集』と『台湾俳句歳時記』　225
「かれら」と「わたしたち」のあいだ
「道具」としての日本語
4　差異と差別と　235
アクセントと差異
「やさしい日本語」をめぐって
「わたしのことば」へ

あとがき
注
索引

かれらの日本語

——台湾「残留」日本語論

凡例

一、本文中の敬称は省略した。
一、引用について。
・〔……〕は省略を意味する。
・現在不適切とされる表現もそのまま引用したが他意はない。
・引用文中のルビは、特記のない限り、引用者が付したものである。
・〔　〕内は、引用者による補足。
・前後一行空けての引用の場合、
　行頭の一字下げは段落最初からの引用
　行頭が一字下げではない場合、段落内のある一文の先頭からの引用
　行頭が〔……〕で始まる場合、段落内のある文の途中からの引用
をそれぞれ意味する。
一、漢字について。
・引用も含め、基本的に新字体を用いた。
一、仮名遣いについて。
・引用においては原文の仮名遣いを反映させた。

はじめに――「JAPANデビュー」

NHKスペシャルでJAPANデビューという四回シリーズの番組があった。

そのなかでも、二〇〇九年四月五日放送の第一回「アジアの〝一等国〟」は、日本がはじめて獲得した植民地である台湾の統治史を概観したものだったのだが、その語り方が「反日」的であるとか、都合のよい部分だけ証言が使われているなどの「偏向」があるといった批判が噴出し、NHKは集団提訴されるに至っている。

こうした「偏向」批判に対して、在台十年をこえるジャーナリスト酒井亨は、「左だろうが右だろうが、いずれもイデオロギーで勝手に妄想しているだけで、「あるがままの台湾」を見ていないのではないかと思われる」と、「偏向」批判を批判する側もふくめて、批判している。[1] 酒井の「左」「右」のきれいで簡単な二分法がよいのかは、当該書を開いていただくことにして、自分の都合のよいように台湾人を利用している、という指摘はきわめて重要である。

たとえば、このNHKの番組で、父が日本人小学校から退学させられた（当時は台湾人が日本人の通う小学校に入学できる規定がなかったため）という柯徳三（一九二一年生まれ）が、ほとんど台湾人生徒[2]

がいなかった台北一中時代に受けた「差別と偏見」（ナレーションによる）を、同窓会で語るシーンがある。そこで語られるのは、弁当にブタのしっぽが入っている、と同級生にからかわれ、母親に日本的な弁当を作ってくれるようせがんだ、という話である。番組はそこから社会的・制度的差別へと論を展開していく。

一方で柯徳三はこの取材の前に日本語で著作を出しており、そこでは、台北一中から進学した台北高等学校で受けた島田謹二（一九〇一～一九九三年）の英語の講義の印象など、興味深い記述が多く見られる。柯はそのなかで「日本語での大学までの教育は、私の職業を決め一生涯の生活を決定しました。日本時代の高等教育を受けた台湾人は、進路が医者か弁護士しかありません。その時代の台湾人に対する差別は此処では論じませんが、確かにありました。私も時世に従って、医学を選びました。何はともあれ専門教育をしてくれた日本は私にとっては母親と同じです(3)」と述べている。NHKの番組は「同化教育」と位置づけ、もちろんそうした側面があったことは事実だが、柯のいうように「専門教育」（むろん、医者や弁護士になった方が比較の問題だが差別が少ないということもあった）を施した側面もあったことは、番組では強調していない。専門教育とそれ以外とを同列にあつかうにはまた手続きが必要ではあるけれども。

そのまた一方で、柯の本を含めて、日本の植民地時代に教育を受けた台湾人の手記を「日本人の誇り」というシリーズとして刊行する日本の出版社は、「台湾、朝鮮半島、満州に於いて、日本との同化が行われました。〔……〕それ故に、当時の台湾人たちは、今も当時の日本を祖国と思うほどに到ったのです」と、柯たちの体験を位置づけ、自らの主張にあわせて利用している(4)。

このように、かれらの語り口の構成を考慮に入れない、都合よい利用がくりかえされているのである。では、かれらの語り口の構成とは、どのようなものなのだろうか。この点について、教育学者の牧野篤は、植民地時代に台湾で育った台湾人へのインタビューを通じて以下のように指摘している。つまり、こうした世代の「語り口は、日本時代を起点として、国民党時代を批判しつつ、その批判された国民党時代から見て、民主化の時代を評価しながらも、それをも日本時代から見て乱れていると批判し、その批判された国民党時代と民主化の時代から改めて日本時代を合理化し、美化するという語りの構成をとっている(5)」ものだという。

このような歴史を経た語り口の構成をふまえずに、それぞれの立場で都合のよいように利用することには少なからぬ問題があるといってよい。

利用、とまではいかないが、戦後生まれの日本人にとってのノスタルジーの対象としてとりあげられることもしばしばある(6)。もちろん、自分の都合のよいように相手をみる、というのは他者認識としてきわめて普遍的なことであるから、とりたてて問題にはならない、という見解もあるだろう。しかしながら、台湾の場合は、植民地支配という歴史があるので、番組を擁護するにせよ批判するにせよ、日本の植民地支配をどうとらえ、そしてまた一九四五年以降を含んだ現在までの台湾の歴史をどう理解するか、という大きな問題を避けて通ることはできない。

避けて通ることはできないとはいうものの、本書は台湾の歴史をあつかうものではない。もっぱら個人的能力のせいではあるのだが、これについては手にとりやすい書物が多数出版されている(7)。本書では、台湾史の文脈を丁寧に追うことよりはむしろ、「日本語」をめぐる議論を検討することで、ことばをめぐる政治・歴史・他者像などをとらえていきたい。

ＮＨＫの番組の冒頭には、台北市内の公園に集まり、取材班を日本人とみるや軍歌を歌いだす老人たちが登場する。「当時の大日本帝国軍人。〔……〕死に損なった日本兵ですよ」と自己紹介する男性は、戦陣訓の歌（一九四一年）を歌い、軍艦行進曲（一八九七年）を唱和する。いまでも日本語で歌い議論する光景は、視聴者に強く印象づけられたはずである。

かれらが日本語を話すことになる原因についてくだくだしく述べる必要はないだろう。かつて「大東亜共栄圏の共通語」として日本語を機能させようとしていた時代があった。それに先だって、「外地」として植民地の台湾や朝鮮が位置づけられ、日本語が「国語」として教育された時代があった。「台湾ではいまでも日本語を話す人たちがいる」と単純に表現してみたとき、「日本語世代」と呼ばれる人たちの話す日本語が、どのようにして生じ、それがどのように日本側に受けとめられてきたのかを、本書では「かれらの日本語」という視点をとりつつ、順を追ってまとめていくことにしたい。

それは結局は、みたいようにしか相手をみていない、という酒井の批判を受けて終わってしまうかもしれないのであるが、日本語話者が多様化してきている現在の日本社会を考えるとき、こうした問題を歴史的にとらえなおす必要があると思うのである。台湾研究を専門としない者のとりうるひとつの視点と考えている。

ちなみに、「日本語世代」ということばであるが、丸川哲史『台湾、ポストコロニアルの身体』（青土社、二〇〇〇年）から積極的に使用されているようである。類似のことばに「日本語人」ということばもあるが、これは若林正丈が『台湾の台湾語人・中国語人・日本語人——台湾人の夢と現実』

（朝日新聞社、一九九七年）で積極的に使用している。[8]「世代」としてしまうと、世代のなかでの差異をとらえそこなうことにはなるが、「日本語人」とすると、「世代」に焦点化できなくなるきらいもある（本書「おわりに」でみる大岡信の使用法への疑義もあるので）。とりあえずここでは「日本語世代」ということばを用いておくが、その世代すべてが同様の高い日本語能力を有しているわけではないことはいうまでもない。日本語を駆使している人々は、自称として「日本語族」を用いる場合もあるようである。

本書全体の構成は、第一章の末尾で紹介することとしたい。

第一章　日本語への視線――「かれらの日本語」という問題

1　日本語への意味づけ

学術的視線のもつ問題――現在との直接的対比

「現代台湾における日本語への学術的な接近」には二つの流れがある、と文化人類学者・上水流久彦《かみづる》はいう。ひとつは日本語学や日本語教育学のもの、もうひとつが人類学や社会心理学によるもの。前者については、日本語の言語学的な変容や台湾人が日本語をどうとらえ、どう学ぼうとしているのかに研究の重点が置かれ、「植民地支配という歴史的事実を踏まえているものの、〔……〕植民地時代に日本語を学ぶ、教えることとの政治性や、現在も日本語を話すことにみる植民地支配の影響に関わる議論は欠落する嫌いがある」と評する。一方後者の流れは、「日本語の機能が中心に論じられ」るという。具体的には「俳句や自伝など自らの感情や思想の表現」、先住少数民族社会における共通語としての役割、国民党政府への抵抗のための用具として、話者間の親近感・差異化のため、教養や人格

の評価基準といった機能が指摘されており、「日本語にみる植民地支配のその後に関わる問題を取り扱っている」とする。(1)

上水流自身は、「日本語世代」に対する聞きとりを通じて、かれらにとっての日本語とは「自他の人間関係の構築のうえで利用されるひとつの記号でしかない」としたうえで、「韓国やアメリカ、東南アジア、中国大陸、さらには学歴や経済状況、台湾国内の政治問題など、それらの複合的な関係」のなかで、日本や日本語のイメージを解釈する必要があると述べている。ことはこうした「多元的な問題」であるのに、日本と台湾という二元的な関係でのみ考察してしまうと、「その思考は宗主国と植民地の力関係を再生産するだけのものである」と厳しく批判している。(2)

上水流はさらにまた以下のようにも述べている。

台湾、中国(中華民国、中華人民共和国)、日本の相互関係のなかにおいて、脱植民地化とは祖国化、さらには脱祖国化でもあったが、それは日本出自のものが脱色されていく過程でもあった。すなわち、日本の物をそのまま活用するのではなく、出自を無意味化し、自らにとって都合の良い形で生活の一部を内部化していくことでもあった。〔……〕

当然、内部化され脱色されていても時に日本出自のものとして取り上げられることがある。そこで日本出自であることが完全になくなることはない。だが、むしろそのような側面から見るべきことは、状況に応じて日本的要素を見いだし、あるいは見いだすことなく生きている台湾の人々の状況である。(3)

こうした観点で論じることはそう簡単ではないのであるが、やや単純に、過去と現在を直接的に並列して論じてしまっている近年の具体的な事例をみておきたい（上水流は一般的に論じているのみであるので）。

日本語学や日本語教育学の枠組のなかで台湾人の日本語意識を論じた、ある論文を例にとりあげる。この論文ではまず、台湾人の「問題的行動」を集約した一九三七年九月の『北支事変ヲ通シテ観タル本島人ノ皇民化ノ程度』とその続編『支那事変ト本島人ノ動向』（台湾軍司令部）のなかにみられる台湾人（「本島人」）の日本語への意識を、「台湾人アイデンティティによる反発」「徴発への危惧」「政治情勢思慮による日本語習得・使用の回避」「生活苦による反発」の四つに分類する。それ自体は貴重な言及であるが、そのうえで、この論文の著者が一九九八年にインタビューをしてとりだした、植民地時代を経験した「漢族系台湾人」の日本語意識の分類とを並置し、「多用な日本語意識の中にも階層と地域による相違が認められた」という結論を出している。[4] 同じ著者の別の論文では、インタビュー対象者に一九四五年以降の言語使用を語らせることで「日本統治時代に日本語による教育を受けた漢民族の高年層の人々が、漢族系間においてどのように日本語を使用してきたのかを、通時的に捉え」[5]ようとしている。もちろん、この著者に「宗主国と植民地の力関係を再生産」する意図などないだろうが、一九三〇年代と一九九〇年代の「意識」を単純に並置していく論じ方、あるいは語り手のみに頼った論じ方は、やはり、「植民地時代に日本語を学ぶ、教えることの政治性や、現在も日本語を話すことにみる植民地支配の影響に関わる議論は欠落する」という上水流の批判の対象になる。

なおかつ、この論文には、「日本統治時代を生きた人々の高齢化が進むなか、漢族系台湾人高年層における日本語は、まさに消滅の危機に瀕する日本語の一方言であるといえよう(6)」という記述もある。本書でのちにみていくことになるが、植民地時代にあって台湾人の話す日本語を「日本語の一方言」としてとらえる観点もあったので、こうした用語の選び方にも慎重になるべきだろう。あるいは同様に「台湾人老年層」の日本語意識を分析した別の論者の論文では、

調査結果から見られる全般的な日本語能力の保持、日本語に対する評価の高さについては、その理由として、戦後の台湾の歴史が関係していると思われる。戦後台湾は日本の植民地から解放されたが、その後台湾の実権を握ったのは、戦後蒋介石とともに中国大陸からやってきた少数派の外省人と呼ばれる人々である。その外省人の支配の下に中国語が公用語となったり、二・二八事件で台湾人が大量に虐殺されたり等、台湾人は苦難の道を歩いてきた。そういった歴史が台湾人老年層の日本語能力の保持や日本語に対する高い評価を生み出していると考えられる(7)。

といった妥当な指摘がなされており、なおかつのちにみるような一九六〇年代に台湾を訪れた日本人たちによる無邪気な日本語の「再発見」よりはよほど客観的であるのだが、あくまでも証言を再構成して出てきた議論であって、それを「歴史」とやや直線的に結びつけている感が強い。

映画『台湾人生』をめぐって

直接的対比、という文脈に位置づけることにはやや躊躇するが、『台湾人生』というドキュメンタリー映画がある。

二〇〇九年に劇場公開されたこの作品は、監督酒井充子によって活字化もされている。それによれば「本書は、通訳をいっさい介さず、すべて日本語によるインタビューの中で彼らが語った言葉をもとに構成している。できるだけ本人の言葉遣いや口調をそのままにした」ものだという[8]。

こうした企画は、これがはじめてのものではない。たとえば平野久美子は、一九九四年から台湾の「日本語世代」を対象にインタビューを継続し、二〇〇七年に『トオサンの桜』を刊行している。ただし、音声はともなっていないので、「(台湾に)派遣された教師に九州出身者が多かったせいだろうか、一部のトオサンたちの日本語には、なんとなく西の方のアクセントの名残りを感じる」[9]とはいうものの、読者には具体的にはよくわからない。その点、『台湾人生』は、音声として聞くことができる。「日本語世代」と呼ばれる人たちに偶然出会った酒井充子は、日本語でインタビューをして、かれらのアイデンティティのありかを探りだそうとしている。平野は長い時間を取材にかけており、また年齢も異なることから、『トオサンの桜』、『台湾人生』それぞれに長短がある。

ともあれ、『台湾人生』には、こんな話がでてくる。

あのころは、自分は日本人だと思ってたよ。

それが、戦争終わったら日本は出ていって、はい、さよなら。二十歳で今日から日本人じゃありませんって言われて、どうすればいいの？　あなたが二十歳のときどうだった？　わたしたちは日本に捨てられた孤児みたいなもの。日本人の先生がおるし日本人の友達がおるのに、どうして日本はわたしたち孤児をかわいがってくれないの？　不可解でしょうがない。いまの日本人はわたしたちのことを知らないでしょ？

歴史を勉強していない。

〔……〕わたしね、あなたたちよりもいろんな日本のマナーを全部マスターしてたのよ。みんなマスターしてきたんだから、ほんとの日本人。日本人と結婚しても恥ずかしくない人間だった。(10)

この語り手は、一九二六年生まれで、公学校（台湾人向けの初等教育機関）を卒業後、女学校さらには女子専門学校まで卒業している。植民地台湾において高等女学校（以上）を卒業するということは、「高女文化」を身につけることを意味していた。高等女学校において、「近代的」な教育を受けるのみならず、「中上流婦人に相応しい教養・趣味の養成を重視する傾向があった」と洪郁如は指摘する。その「高女文化」のなかの「日本色」を特徴づけるのは「国語」と礼儀作法であったという。(11)ということは、「日本人と結婚しても恥ずかしくない人間」というのは、「高女文化」を体得したということであり、それは植民地時代もそうだが、それ以後においても台湾社会におけるある特定の階層意識と結びつくものでもあった。(12)

このように、日本の植民地支配、国民党による統治、といった台湾の歴史のなかに自らを位置づけて日本語で語っていることに注目しなければならないのであるが、DVD化された『台湾人生』で同様の語りがなされている箇所を探して聞いてみる。書籍のように整然とまとまったものではないとしても、内容に大きな差異はない。しかし、語ったそのままが文字化されているわけではない。言語資料でない以上、整序化は書籍化に必須のことではある。しかしながら、書籍としての『台湾人生』の書評で「流暢な日本語にふと交じる少し拙い口調には、台湾と日本とに引き裂かれたアイデンティティーを感じてせつなくなってしまう(13)」と書かれてしまう。こうした日本語を「引き裂かれたアイデンティティー」というすわりのよいことばでまとめてしまうことは、はたしてできるのだろうか。「流暢な日本語」にせよ「少し拙い日本語」にせよ、日本語母語話者と自認する側からの価値判断が作用した評言である。判断することがよろしくない、などといいたいわけではない。判断をするまえに、はたして自らが価値判断する立場に立ちうるのか、という問いを発してみるべきではないか、とも思うのである。

意味づけのあり方――過剰／剝奪／再定義

ともあれ、上水流の批判は、先のNHKの番組のみならず、それを批判する側にも向かうものである。かれらの側の多元的な選択のひとつとしての日本語使用でしかないのに、そこに「歴史」も含めて過剰な意味を読みこむべきではない、という個人の事例に即した上水流の議論には説得力がある。

上水流の論考を収録した書籍は『戦後台湾における〈日本〉――植民地経験の連続・変貌・利用』というものである。この書籍では「これまでの台湾についての植民地研究が陥ってきたさまざまな一項対立——反日・親日、服従・抵抗、善・悪など——では捉えきれない多様な日本認識があること」を示し、「否応なく植民地を生きてきた台湾の人々の経験のアクチュアリティーに少しでも近づけ」ることができるような論文を掲載している[14]。

過剰な意味を読みこむべきではない、という上水流の指摘は、この文脈において説得力をもつのであるが、本書では逆に、どのような形で過剰な意味が読みこまれてきたのか、を追ってみることにしたい。さらに焦点を絞れば、日本側から、「台湾の日本語」——つまり、「かれらの日本語」——がいかように位置づけられてきたのか、ということになる。

過剰な意味を読みこんでいったのは、植民地時代に「国語」としての日本語を懸命に教育した日本人教員も同じであった。「国語」とは、近代国民国家を担う制度のひとつであるにもかかわらず、そこに精神性や民族性を盛り込んでいったもの、と定義することができる[15]。

植民地経営において「国語」が果たした役割として「同化」作用がしばしばとりあげられる。一方、「国語」としての日本語が「近代」を担うものとして表象され、利用されてきた側面もある。たとえば、台湾史研究者の陳培豊は、「民族への同化」と「文明への同化」という二つの概念を設定し、台湾人としては、「国語」を通じて「文明への同化」を志向していた、と論じているが[16]、「民族への同化」の必要がなくなった敗戦後の台湾における日本語は、後者の役割がより強くなっていったとみてよい。ある論者は以下のように述べている。

戦後の政局転換において過去の「国語」としての日本語は、新たな「国語」（北京語）の移入により、国体の精神的な意味が剝がされ、「人間の思想の発表及び理解の用具に過ぎない」という「ただの言語」として位置づけられる(17)。「精神的な意味」を重要視していた側がいなくなったのであるから、その言語をどう使おうと勝手というものである。そこに過剰な意味を読みこむのはお門違いだろう。そもそも最初からこのような齟齬があったとみるべきで、「国語」を教えた側は常に「美しい誤解」をしていた、といってよいのかもしれない（この点については第四章を参照）。

　また、右の引用での「国体の精神的な意味が剝がされ」たという点に関していえば、「国語」としての日本語から切りはなされた「日本精神」は、日本語のあり方とは別に生き残っていくことになる（以下、「国語」から基本的にカッコを外す）。外省人からは日本支配の残滓としてみなされつつも、それゆえに本省人（この場合、台湾にいる外省人以外の人々。中華民国支配期からの呼び方）のよりどころのひとつに、再定義された「日本精神」がなっていったとされている。「現在の台湾で使用されている「日本精神」という言葉は「約束を守る・礼節を重んじる・嘘を言わない・勤倹である・清廉潔白である」ことを意味する」と定義する堤智子は、文献やインタビュー調査を通じて、一九四五年以降の台湾における「日本精神」ということばの意味を考察している(18)。

　さらにすすんで、司馬遼太郎『街道をゆく40　台湾紀行』（朝日新聞社、一九九七年）の執筆に際して協力をした蔡焜燦の著作『台湾人と日本精神《リップンチェンシン》』（日本教文社、二〇〇〇年、小学館文庫、二〇〇一年）は、物議を醸した小林よしのりの『台湾論』（小学館、二〇〇〇年）に影響をあたえたといわれているが、蔡は「日本精神」について、こう述べている。「台湾人がもっとも尊ぶ日本統治時代の遺産は、ダムや鉄道など物質的なものではなく、「公」を顧みる道徳教育など精神的遺産なのである。こうした遺産は、台湾の発展の基礎となり、またこれからも語り継がれてゆくことだろう。それゆえに、台湾人は、他のいかなる国の人々よりも日本を愛し尊敬し続けているのだ」[19]そうだ。蔡自身の来し方への思い入れが反映されている側面が大きいとしかいいようがないのであるが、「日本精神」が日本語のあり方から離れて、自らの思いを投影することばとなっていることは確認できる。ちなみに、森宣雄によれば、「日本精神」が台湾に残っているという言説は、一九九〇年代、在日台湾独立派が政治的意図をもって唱えだしたものだという[20]。日本語そのものから切断された（あるいは当初から一体として台湾人には認識されていなかった）「日本精神」は、さまざまな事象を論者が自由に盛りこめる器になっている。

意味の横領

こうした「日本語世代」が、日本時代を懐かしみ、日本語で本を書き、日本人よ奮起せよ、われわれを忘れてくれるな、と唱える。ものを書くのは自由である（ようやくそういう時代になった、ということも忘れてはならない）。しかしながら、そうした、いわば「かれらの誇り」としてとらえるべきものを、先にも少しふれたが、日本では「シリーズ　日本人の誇り」として出版している[21]。「シリーズ刊行にあたって」という出版社会長・山口修源による文章には、「日本と日本人の将来を考えた時、少なからず暗澹たる思いに駆られるのは、この日本国というシステムの何かが間違っているからではないでしょうか。その何かの根幹と思われる日本人の精神形成を探るのが、本シリーズ「日本人の誇り」の刊行目的です」とある。しかし、なぜ台湾の「日本語世代」なのか、ということは説得的に示されていない。同じ文章では「日本神代の美風を残す台湾」といった表現もみえる。これでは上水流のいう「宗主国と植民地の力関係を再生産」し、「かれらの誇り」である記憶を消費するだけである。なおかつ、山口は「戦後の日教組による歪んだ教育と、朝日新聞に代表されるマスコミによる左翼思想的偏向報道」をまちがいの「元凶」としているのだが、そういう立場から「かれらの誇り」が消費されていくのである。

「かれらの誇り」と言いかえてみても、それは基本的には成功物語である。もちろんそれをもって植民地統治が正当化されるわけではない。そしてまた、一九四五年以降の台湾の内側の、あるいは外側の国際関係などの要素も絡んでくるので、かれらの側にしても、植民地統治をまるごと肯定しているわけではない。「シリーズ　日本人の誇り」のなかでも、差別があった点、威張りちらしていた教員・警官などがいた点など、不快な記憶もきちんと述べられている。さまざまな比較軸のなかで相対化しているわけである。それなのに、それをこちら側の主張に都合のいいように消費していく姿勢は、かれらのいう「日本精神」にもとることではないのか。

また、第四章でもふれることになるが、一九六〇年代になって、台湾に行った日本人たちがそこで日本語が「流暢に」話されていることに一様に驚き、その原因を探ろうとしたときに、かつて台湾で教育にあたっていた日本人たちは、「今なお台湾で日本語が喜ばれるのは、言わば蒔いた種が生えたともみるべきものであり、異民族に対することばの教育の理想が具現されたものとして、世界に誇るに足る事実であると思う」[22]と、没歴史的に肯定していってしまうのであった。

こうした二者択一的な傾向に対して、語り手の個別性、つまりは経験の重層性（これは植民地期に限らず、一九四五年以降の「台湾」「中国大陸」との関係性の重層性も指す）に重点を置いた記述をしていこうとする流れも生じてきている[23]。

ともあれ、本書では、かれらの事情よりも、こちらの事情に力点を置いた叙述をすることにしたい。それはあるいは上水流のいうように「宗主国と植民地の力関係を再生産」するだけのものになるかもしれない。だがやはり、こちら側の事情をそれとして自認できないまま、お定まりの語り方が、「かれらの事情」を「こちらの事情」の補強のためにいいように利用する形で再生産されているように思われるのである。

2 「残留日本語」をめぐって

「こちらの事情」の例として、ひとつとりあげておきたいものがある。かつて日本語が使用されていた地域においてその後も使用されている日本語のことを、「残留日本語」といった概念でくくって言語学的に調査する流れである。

この「残留」という表現にある種の価値判断が入っていると考えてよい。「満洲」における「残留孤児・残留婦人」といった表現における「残留」が特定の一面しか示していないことは、あえていういる。

までもない。そこには帝国日本による「棄民」であったという本質をおおいかくす意図がはたらいている。

「残留日本語」という用語をもちいる流れを「残留孤児・残留婦人」と同様にみる根拠はないが、「残留」という表現が特定の一面しか示していない、ということにかわりはない。

ちなみに、「残留日本語」に類した表現がいつごろから登場したのかは判然としないが、探してみると、ミクロネシアに関する一九七八年の文章に、「この地域に日本語がどのような状態で残存、あるいは定着しているであろうか[24]」とある。「定着」という表現は定着しなかったが、ミクロネシアに関しては一九九〇年代から崎山理が「ピジン日本語」という観点から研究をおこない[25]、土岐哲を研究代表とする文部省科学研究費による調査へと至る。その後はたとえば、真田信治を研究代表とする「東アジア残留日本語と日本語諸方言との相関にかんする研究[26]」に展開する。この成果の一部は、シンポジウム「東アジア残留日本語の実態——拡散と収斂[27]」で報告され、真田信治の論考「残留日本語の調査研究について[28]」などにつながっていく。こうしてみてみると、「残留日本語」という表現は学術用語としてすでに十数年の使用歴があり、安定した用法のように思われる。

しかしながら、「残留」というとらえ方には個人的に問題を感じる。日本語ははたして「残留」したのだろうか。その場に住んでいた側からみたら、勝手にやってきて日本語を教え、勝手に去っていき、何十年もしてから、ずっと使用してきたことばを勝手に「残留」などと称して調査していく。のちにみるが、一九六〇年代に台湾を訪れた日本人がそこで使用されている日本語を「発見」して驚き、植民地教育の「成功」などと関連させて論じていく心性と共通するように思えるのである。「残留」のかわりにどう称すればよいのか、という筋違いの批判があるかもしれないが、使用してきた側からの視点が欠けていることは、指摘しておかねばならない。「残留」という見方は、断片化した日本語が「発見」されることを前提としたものであろう。

しかも、「残留日本語」に関する真田の論文（台湾、ミクロネシア、サハリンでの聞き取りを中心としたもの。語り手は朝鮮半島出身者も含まれる）をあつめた書籍のタイトルが『越境した日本語』(29)と題されているのをみると、「越境」という軽やかなイメージでもって「残留」を包括することの危うさを感じざるを得ない。

台湾でいまも使用されている日本語を調査した最新の研究書のタイトルは『台湾に渡った日本語の現在』（簡月真著）というものである(30)。そのなかでも「残留日本語」や「台湾日本語」といった表現がみられる。

研究の手法を問題にしたいわけではない。「残っているもの」を発見していく高揚感を否定はしないし、記述していくことに学術的意味が存在することも、よくわかる。しかしながら、その高揚感を真田が「宝の島での宝探し(31)」と表現してしまうのは、たとえ修辞上のことであったとしても、やや違和感がある。つねに「発見」されるものとしてそれがあることを、間接的に示すものだとしても。

今井祥子は、「日本語世代」の日本語について、「いま、想像／創造されている〈日本語の世界〉像のなかに居場所をもちえているだろうか」という問いを否定的に発し、「では、どのような〈眼差し〉であれば、この日本語を捉えることができるのだろうか」と問うている。「残留日本語」というのも、ひとつの〈眼差し〉であると今井はいう(32)。

こうしたことはあるいはどうでもよい部類に属するのであろうが、「残留」とすることへの違和感をどう表現すればよいのだろうか。

ちなみに、こうした違和感をもったのかはわからないが、近年では「残留日本語」を用いずに議論がなされる場合もある。雑誌『日本語学』は二〇一〇年六月号で「世界の日本語」を特集したが、そのなかの【旧植民地の日本語】の部には、「サハリンに生まれた日本語の接触方言」（朝日祥之）、「台湾日本語の諸相」（簡月真）が掲載されている。「接触方言」であり「台湾日本語」（前者では「サハリンの日本語」とも）という用語が使用されているわけである。「接触方言（koine コイネー）」とは、朝日によれば「異なる方言背景を持ち合わせた移住者が居住している。そこで生まれた方言接触によって新しい言語変種（=接触方言）が形成されたと考えられる」とされるものである。[33]「残留日本語」よりも、実態に即した用語とはいえるだろう。学術研究の対象とて〈眼差し〉の先にある、といってしまえばそれまでのことであるが、「残留日本語」でもなく学術用語としての「接触方言」でもなく、今井の「どのような〈眼差し〉であれば、この日本語を捉えることができるのだろうか」という問いに答えるとしたら、私は「かれらの日本語」という〈眼差し〉なのではないか、と考える。

台湾を植民地として国語教育を開始して以来、そこで話されている日本語はあくまでも「かれらの日本語」でしかなかったのではないか。たとえスローガンとして日本への「同化」、「皇国臣民」化（皇民化）を唱えたとしても、「わたしたち」は「かれら」を深いところで峻別していたのではないか。けっして「わたしたちの日本語」にはならない、「かれらの日本語」。

本書の前半では、日本植民地時代の台湾を例にとり、台湾人が話している日本語を、日本人の教員・研究者たちが、どのようにとらえていたのかを概観する。「かれらの日本語」の発生の前提（第二章）、その発生・具体的な記述（第三章）という順に論を進める。こうした「かれらの日本語」を矯正すべき「誤謬」とみる者がいた一方で、台湾在住の日本人の話すことばからの影響もうけた、その意味では彼我の峻別のできない「台湾方言」ととらえる者や、さらには別の言語体系が発生するのではないかという推測をする者もいた。この推測は、「正しい国語」にとらわれないものとみることができるが、そうであるがゆえの問題もはらむ。

本書後半の第四章では、一九四五年以降の「かれらの日本語」の展開を追う。台湾では日本語はそれまでの国語としての意味づけを失ったにもかかわらず、一九六〇年代に日本人の訪問が増えるにつれて「再発見」され、植民地支配の「成功」といった文脈で語られるようになる。第五章では、「かれらの日本語」を歴史的に位置づけるべき学問のもつ問題を「日本語教育史」というとらえ方の登場などをふまえて整理した。

こうした問題を考えたうえで、第六章では、台湾のタイヤル族（植民地時代には「アタヤル族」と称することが多いが、現在は「タイヤル族」が主流のようである。本書ではとくに統一していない）の一部で話されている言語を「日本語クレオール」という、話し手の「母語」にまでなっているととらえる議論をとりあげた。こうした議論も、「かれらの日本語」の語り方の流れのなかに再度配置してみると、また異なった側面があらわれてくる。

「おわりに」では再度、「かれらの日本語」との距離のもつ問題について考えることにしたい。

第二章　「かれらの日本語」発生の前提

1　植民地の国語教育

国語普及体制の構築

日清戦争の講和条約である日清講和条約により、日本は台湾を清国より割譲されることになった。その統治のため一八九五年五月二一日に台湾総督府仮条例が制定され、同時に総督府民政局に学務部が設置され、学務部長心得として伊沢修二（一八五一〜一九一七年）が任命された。同年六月一七日の始政記念祭の日に台北の大稲埕に学務部を置くが、抗日戦が続いたため、七月一二日に郊外の芝山巌に移る。その四日後の七月一六日に、六名を対象とした国語教授がはじまった。(1)

伊沢は民生局長水野遵に対し、「学務部施設事業意見書」を七月二〇日に提出する。

そのなかで伊沢は、「師範学校中学校等の予備として日本語学校（分ちて国語伝習所及教員講習所とす其の設立の要項は次に之を掲ぐ）を設立し、将来教員たるべき者、若は吏員に採用すべき本島人生徒に日本語を教授すべし」と主張している。具体的にどのような日本語を想定していたのかといえば、「国語伝習所設立要項」をみると「学科」は「倫道」「国語」「数学」の三教科で、その「国語」に割注の形で「日本普通の言語及文章」と記されるのみであった。[2]伊沢がいったん日本に戻っていた一八九六年一月一日に、芝山巌の学務部員六名が台湾人に襲撃されて死亡する事件が発生した。しかし事は粛々と進行し、六月二二日に「国語伝習所規則」が出される。[3]その第一条には「国語伝習所ハ本島人間ニ国語ヲ教授シテ其日常ノ生活ニ資シ日本国的精神ヲ養成スルヲ以テ本旨トス」とあり、国語教育の目的が「日常生活」と「日本国的精神」の養成にあることが明記される。一八九八年七月二七日に「台湾公学校令」が公布され、国語伝習所は廃止となるのだが、八月一六日の「台湾公学校規則」では、その第一条で「公学校ハ本島人ノ子弟ニ徳教ヲ施シ実学ヲ授ケ以テ国民タルノ性格ヲ養成シ同時ニ国語ニ精通セシムルヲ以テ本旨トス」と、より精緻に規定されるようになる。

ちなみに、ここに登場する「本島人」とは、台湾に本籍地を有する者、いわゆる台湾人であり、これに対応するのが「内地人」（内地出身の日本人）という呼称であった。内地人子弟に対する初等教育には、小学校令を適用することとなる。

この「本島人」「内地人」という呼称については、その後数十年経過しても、日本内地から台湾を訪ねた者にとっては耳新しいものであったようだ。一九三五年の施政四十年記念台湾博覧会[4]を機に訪台した作家・野上弥生子（一八八五〜一九八五年）は、「なにか対句のやうに事ごとに並べて話される一組の耳新しい言葉が私の注意を惹いてゐた。それは本島人・内地人といふ表現であつた。〔……〕この云ひ方ははじめ異様に響いてならなかつたのに、いつの間にかその表現に従つてなにか訊いたり、たづねたりしてゐる自分たちを見出す。この土地では、あらゆる場合にそれが端的で、直截で、且つもつとも陰翳にとんだ言葉であるのを私たちはすぐ知つた」という。[5] 耳慣れないが覚えやすく、一度覚えれば使いやすい。つまりは両者の差異があまりにもあきらかな形で存在していた、ということであろう。また野上は「台湾があまりに台湾であり、四十年たつても日本と台湾は厳然と別であり、言ひ換へれば、内地人と本島人との生活になんらの融合もない」とも述べている。[6] これらは旅行者の皮膚感覚にすぎないものかもしれないが、「かれらの日本語」をとらえる根底にある感覚とどこか通底するようにも思われる。

閑話休題。教育令に戻る。その後の一九一九年一月四日の「台湾教育令」（第一次台湾教育令）では、「台湾ニ於ケル台湾人ノ教育ハ本令ニ依ル」（第一条）と、台湾人の教育の法令であることを明記したうえで、「教育ハ教育ニ関スル勅語ノ旨趣ニ基キ忠良ナル国民ヲ育成スルヲ以テ本義トス」（第二条）という方針のもと、「国民タルノ性格ヲ涵養シ国語ヲ普及スルコト」（第五条）が目指された。

この台湾教育令は一九二二年二月に改正されるが（第二次台湾教育令）、そこでは、

第一条　台湾ニ於ケル教育ハ本令ニ依ル
第二条　国語ヲ常用スル者ノ初等教育ハ小学校令ニ依ル
第三条　国語ヲ常用セサル者ニ初等教育ヲ為ス学校ハ公学校トス

とあるように、小学校と公学校を統括する法令として位置づけられ、民族別ではなく、「国語の常用」

昭和十七年四月末現在	790,676	—	—	—	3,386,038	6,249,468	58.0
昭和十六年四月末現在	691,823	736,795	735,303	1,076,041	3,239,962	5,682,233	57.0
昭和十五年四月末現在	582,615	616,394	763,263	855,631	2,817,903	5,524,990	51.0
昭和十四年四月末現在	544,632	605,158	496,531	812,139	2,458,460	5,392,806	45.6
昭和十三年四月末現在	527,127	594,241	317,756	765,157	2,204,281	5,263,389	41.9

が形式的ではあるが、基準となった（注（2）も参照）。台湾人にとってみれば、能力による選別であった。

以上は漢族に対する初等教育であるが、漢族以外の先住少数民族への教育についてもふれておかねばならない。植民地時代には、「蕃族」、「高砂族」などと呼ばれたが、現在では「原住民」と呼ばれている。これはかれらの総称的自称でもあるので、歴史性を欠いてしまうが、以下カッコを外してそのまま使用することにする。

原住民は平地に居住するものと山地に居住するものとに大きく分けられるが、前者の教育は総督府学務局の管轄であり、後者は警務局管轄とされていた。前者については、先にふれた国語伝習所の分室として台湾南部に恒春国語伝習所猪勝束《テラソ》分教室が一八九六年に設置され（一九〇〇年には恒春国語伝習所が廃止され猪勝束国語伝習所となる）、翌年に台東国語伝習所が設置される。一九〇五年には国語伝習所は廃止となり、かわって「蕃人ノ子弟ヲ就学セシムベキ公学校ノ件」が公布され、公学校の一種としてその数を増やしていくことになる。これもまた一九一四年の「蕃人公学校規則」により廃され、「蕃人公学校」となる。一九二二年には本校三〇校を数えるま

	昭和七年四月末現在	昭和八年四月末現在	昭和九年四月末現在	昭和十年四月末現在	昭和十一年四月末現在	昭和十二年四月末現在
公学校生徒数	291,067	317,309	359,267	389,290	418,592	458,022
同上卒業者累計	364,386	394,686	429,018	467,442	507,461	551,146
国語普及施設生徒数	42,381	58,903	98,523	120,481	150,463	263,371
同上修了者累計	324,537	356,611	400,366	474,126	564,487	661,461
合　計	1,022,371	1,127,509	1,287,174	1,451,340	1,641,003	1,934,000
本島人人口	4,496,870	4,612,274	4,759,197	4,882,288	4,990,138	5,108,914
国語解者百分比	22.7	24.5	27.0	29.7	32.3	37.8

でになり、同年の台湾教育令によって蕃人公学校規則も廃止、名称上は漢族と同様の公学校となる。

一方で山岳地帯の原住民への教育は、「蕃童教育所」のなかで警察官の業務としておこなわれるようになった。一九〇八年には「蕃童教育標準」「蕃童教育綱要」などが出され、教育体制が整えられていく。一九三〇年の霧社事件（霧社の原住民の蜂起。日本人が多数殺害され、大規模な報復措置がとられた）(7)の後、理蕃政策の立て直しのなかで、「国民思想ノ涵養」などを主眼とした「理蕃大綱」が一九三一年一二月に出される。こうしたなかでも国語教育はその基本に据えられていたといってよい(8)。統合原理としての国語という位置づけは揺るがないものであったと思われる。

国語普及の進展状況

このような形で総督府による国語教育は展開していったのであるが、参考として、施政三十年以上経った時点からの統計数値を出しておくことにしたい。『昭和十五

年度　台湾の社会教育』には、「皇紀二千六百年国語普及十箇年計画進展状況」と題された項目があり、「国語解者調」として前頁のような表を掲げている(9)（「昭和十六年度」「昭和十七年度」ついては別資料(10)より追加）。

この表でいう「国語普及施設」とは「国語講習所」や「簡易国語講習所」などの、学齢期以外の年齢層や不就学だった者、つまりは学校教育の外にいる者を対象とした施設を含んでいる。もちろん、学校を出たから、あるいは「国語普及施設」を修了したからといって必ずしも「国語解者」になるわけではない（英会話学校を卒業したからといって「英語解者」に全員がなるわけではないのと同じである）。卒業あるいは修了しなかった者も少数ではないだろう。したがって、卒業者数や修了者数の数値には問題がないにしても、「国語解者百分比」は、数値面でも、具体的な能力面でも多様なものを含んだ、かなりおおざっぱなものでしかない。正確には、「国語教育体験者」というべきであろう。

さまざまな「かれらの日本語」

台湾での国語教育、国語政策の展開については、さまざまな研究書があるので、詳細に記述することはしないが、実際にどのような国語が話されていたのか、という研究はあまり多くはみられない。まずいえるのは、右にみた状況下では均質な国語使用を要求できたわけではない、ということである。学校教育への接触のあり方から、教室の中での国語、教室の外での国語、断片的に使用される国語など、さまざまな「かれらの日本語」が生じることになる（具体的には第三章参照）。

このような、さまざまな「かれらの日本語」が発生するもうひとつの要素として、具体的に教えるべき国語が想定できていなかった点をあげておかねばならない。たとえば、一八九七年という早い時点で、国語学者・上田万年《かずとし》（一八六七〜一九三七年）は以下のように述べている。一時的に内地にもどっていた伊沢修二から聞いた話として、

〔……〕台湾人はアクセントを聞き分くるに極めて敏捷にして、内地人の教師かへりて其法をあやまり、彼等の為に閉口すること屢《しばしば》なりと。これらは四声等に慣れたる彼等の事とて、勿論の次第なるべけれども、却りて又我等日本人が自国語の研究を粗末にし、従つて思はざる恥辱を蒙る場合あることを証するに足らん。(11)

というのである。その後も「自国語の研究」のなかで、アクセント研究は中心的位置になかったといってよいので、(12)上田の危惧の通りになっていく。

たとえば、上田のこの発言から約二十年後の一九一九年に台湾で刊行された『国民読本のアクセント』という書籍には、以下のような記述がみられる。

亦均しく内地人なりと雖《いえど》も、其の中には関東地方の人あり、関西地方の人あり、地方によりてそのアクセント同じからず。初には或地方のアクセントによりて教へられ、後に他の地方のアクセントによりて教へられなば、児童はその適従する所を惑ふに至らん。教授者宜しく此に留意し、標準とすべきアクセントに依りて、一様に之を教授すべきなり。而して此の目的を達せんとするには、教

授者先づ標準とすべきアクセントを研究し且習熟するの必要なること、多弁を俟たずして明らかなるべし。[13]

こうした教えるべき標準があやふやなまま放置されていたといってよいだろう。もちろん、教員側も手をこまねいていたわけではなく、右のような書籍をつくって標準を示そうとしたり、学校単位で教科書にアクセントを付したものを作成したりしていた（たとえば、『アクセントを付したる公学校話方科教材細目』台南末広公学校、一九三七年など）。それにもかかわらず、「差別はありましたね。日常的に台湾語を話している人は、日本語がどうしても台湾語的なアクセントになります。それを聞くと日本の方は「あいつは台湾人だ」と後ろ指を指すのです」といった場面もあったようである。[14]

もちろん、ことはアクセントだけにとどまらない。語彙や発音にしても、「標準」をすべての教員が正確に示せたわけではなかったのである（本書第二章参照）。

反復・増幅される差異

そうした状況にあったにもかかわらず、「かれらの日本語」にみられる小さな差異を探し出し、それをことさらに大きくとりあげるという構図は、以下のようなところにもみられた。たとえば、台湾在住十年以上という日本人が一九二三年に刊行した書籍では、「国語普及は決して日常の雑用を弁ずる単なる通弁的国語の練習であつてはならない。即ち其れは日本文化の内容を伝ふる生命ある国語でなければならぬ」として、以下のような事例をあげている。

余は渡台後間もないことであつたが、偶然某法院の通訳を十数年勤めたと云ふ一台湾人に会つたことがあつた。彼は殆んど内地人と違はない迄、或はヨリ巧妙に日本語を話した。それで余は試みに一俗謡を台湾語に翻訳すべく彼に注文した。それは「君と別れて松原行けば松の露やら涙やら」と云ふ有りふれた都々逸の一つであつた。然るに彼は日常の言語を爾く巧妙に語り得るに拘はらず、此の俗謡が伝ふる情調に触るゝ何等の琴線をも有せざるが如く匆卒《そうそつ》に筆を走らせたが、訳文は殆んど原歌の意を伝へて居なかつた。即ち彼は日本民族の生活の情調と全然没交渉に、換言すれば毫《ごう》も日本文化の内容に触るゝことなく唯だ機械的に職業的に即ち通弁的に日本語をあやつるのに過ぎなかつたのである。斯くの如き状態では、日本文化の内容を了解することは固より、進んで之を採用することは到底不可能であると謂はねばならぬ。(15)

むしろ、植民地台湾における台湾人法院（裁判所）通訳のレベルの高さをみるべきなのだろうが、この本の著者・柴田廉はそうは思わない。日本人なら当然知っているはずの（本当だろうか？）都々逸をきちんと訳せないこと（柴田はそもそも訳文が「原歌の意」を伝えていると判断できるほどの台湾語能力もしくは中国語能力をもっていたのだろうか）をもって、「機械的に職業的に」やっているだけだ、と痛罵するのである。これでは単なる嫌がらせである。「殆んど内地人と違はない迄」の日本語能力に嫉妬しているのであろうか。結果的には「日本文化の内容」と連動した国語教育の展開によって、第一章でみた、『台湾人生』のなかで「日本人と結婚しても恥ずかしくない人間」とまでいわせるような「成果」を生みだすことになる。

しかしそれでもなお、「かれらの日本語」は「かれらの日本語」にとどまっていたといえないだろうか。もう少しいえば、植民地統治のなかで、被植民者たちを表面上は包摂していく一方で、本質的な部分で拒絶していく心性が「わたしたち」の側に根深く存在していたのではないだろうか。この、「本質的な拒絶」の説明は難しいが、たとえば朝鮮での一九四〇年からの創氏改名において、表面上は「日本人と同等」を唱えつつも、実際には主として治安上の理由から一見してそれとわかる氏名への変更が望まれた（つまり、差異を温存する）という点に象徴的にみることができるのではないか。[16]

精神教育へ――国語と皇民化

「かれらの日本語」へ厳しい視線が注がれるなか、さらに時代が進むにつれて、「精神性」といった言語化不可能な要素までも盛りこんだ国語教育がなされるようになる。次章でみていく「かれらの日本語」の記述は主として初等教育（公学校）の児童の話す国語が対象となっているのであるが、こうした記述がふえるのは、以下のような事情と無関係ではない。
陳培豊によれば、台湾では「昭和期に入ると、これまで国語の学習によって本島人を「日本民族」「大和民族」化するという論調をより一歩進めて、国語を日本人の「血」「肉」と認識し、「(日本人の) 祖先」との結び付きを説く」論調が教育現場で顕著にみられるようになった、という。[17]
これは日中戦争に突入し、総動員体制に植民地をも組みこんでいかなければ戦争遂行が困難になっていった事情と連関している。そのために、植民地では「皇民化運動」が展開された[18]のだが、歴史学者・周婉窈の記述を引用すると、以下のようなものであった。

皇民化運動は台湾では1936年末に始まり、日本の敗戦投降で終わったが、日本統治の最後の8年の台湾社会を席巻した。皇民化運動の主要な項目は、①国語運動、②改姓名、③志願兵制度、④宗教・社会風俗改革の4点である。「国語」とは当時は日本語を指し、国語運動の究極の目標はあらゆる台湾人が日本語を話せるようにすることであった。植民地政府が日本語教育を推進するために、低学歴あるいは無学歴の人びとのために、各地に日本語講習所（国語講習所）を設立した。高学歴階層を対象としては、いわゆる「国語家庭」を表彰し、奨励する方法がとられた。国語運動は、その本質からして、強烈な排他性を備えており、方言（閩南語・客家語・原住民諸語）を抑圧し、甚だしくは禁止すら行った。推進した結果は、日本語を話せる人口の大量増加であった。統計によれば、1940年台湾で「日本語を解する者」は51％に達したという（実際には割り引いたほうがよいかもしれない）。「国語家庭」は推計によれば、全戸数の1％前後であった。[19]

国語普及運動の一端を知ることができるであろう。ちなみに、この「統計」とは先の『台湾の社会教育』での数値を指している。

右の引用でもあきらかなように、国語習得が皇民化と連動させて語られていた。皇民とは、一般的な理解でいえば天皇のために死ねる人間である。[20] したがって、「日本人」らしく、あるいはそれ以上に「日本人」らしくふるまえるようになることが皇民化の目標であった。

しかしながら、疑義も示されていた。たとえば、敗戦後教育史学者として日本大学で教鞭をとることになる土屋忠雄（一九一四〜一九八一年）は、一九四三年に文部省国民精神文化研究所の所員として台湾に出張し、「台湾本島人の皇民化と教育」という簡にして要を得た文章を発表している。土屋自身は、国語普及を皇民化の度合をはかる一指標としているのだが、そこに付された注では以下のような興味深い指摘をおこなっている。

国語の普及状態を以つて所謂皇民化の程度を見る一指標とすることについては議論があるかも知れない。それは国語を解せず、話せずとも皇民的精神を持ち、皇民的行動を為し得るし、又、逆にいくら国語に堪能であつても皇民化してゐない場合がいくらでもあり得るし、現にあるからである。(21)

国語を話せることがなぜ皇民化の度合をはかる指標になりうるのか、国語が話せなくても皇民にはなれるのではないか、という根元的な問いがあることを土屋は紹介している。しかしながら、土屋はこうした問いを受けとめることなく、以下のように続ける。

国語を伴はない皇民化であつては現実の役には立たない。例へば台湾全島民が国語を解せなくとも皇民化したといふやうな場合を考へても、それでは台湾島民に皇国民として最大の名誉である皇軍の一員たることを望むことが全く出来ない。教育についても矢内原忠雄氏は文化及び道徳は原住者

の言語を以ても教授し得ると主張してゐるが、究極に於いてはこれは抽象論である。(2)

後半の矢内原忠雄(一八九三〜一九六一年)の議論は、おそらく「軍事的と同化的・日仏植民政策比較の一論」(『国家学会雑誌』五一巻二号、一九三七年二月)を念頭においていると思われるが(矢内原は一九三七年一二月に筆禍のため東京帝国大学教授を辞職している)、国語ができることは皇軍に入れることといった論理は、それでは女性の場合はどうなのか、という反問をかかえつつも、皇民化政策のひとつの大きな特徴を示している。

とりわけ日本内地の言説に顕著であるが、国語習得は皇民化の必要条件とされていたといってよい。こうした状況に、次節でみる植民地の皇民化期国語教育はあったのである。

なお、以下の国語をめぐる議論は、より程度の高い使用に関するものであり、当時の台湾人すべてにあてはまるわけではないことは念頭に置いておかねばならない。

2　話しことばへの注目——現場教員

簡略に、「かれらの日本語」が登場する前提をみてきた。

本節では、日本人教員たちが、「かれらの日本語」をどうみていたのかについて論じていくことにする。日本人教員たちは、初等教育段階の児童の話す国語、つまりは話しことばを観察の主な対象としていた。読むことや書くことが技術的な側面が強いとすれば、話すことは技術的な側面はもちろんだが、身振りやしぐさなどといった身体的側面とも関わりのある行為であるといえる。こうしたなかで、話しことば教育のあり方が問題として登場する。

たとえば、一九四二年には、「台湾の初等教育」での「話し方教授はこゝ数年の間、行詰つてゐると言はれて来た」といった指摘が平松誉資事《よしじ》『大東亜共通語としての日本語教授の建設』という書籍のなかでなされる。どういうことかといえば、「今までは、国語を理解することが利便であり、一部の必要とする人々（学生、内地人相手の商人、官吏等々）に於てのみ、真剣に考へられたもの」だったのだが、「満洲事変、上〔海〕事変、支那事変、大東亜戦争と時局の進展と共に、我が帝国の皇威は宣揚され、之が島民に及ぼした感化、感激には大なるものがあり、〔……〕銃後にあつての本島人の赤誠は日本人たるの自覚を促したことは言ふまでもなく、皇民化運動となり、国語普及熱となつて、志願兵制度も実施〔一九四一年〕された現在に於ては、国語による生活をなすことこそ、名実共に日本人であると自認されるに至つたのである」というように、時局の進展にあわせて皇民化、国語普及熱があがった、という外部要因をかかげる(23)。皇民化運動の主要項目に志願兵制度をあげた、周婉窈の指摘の通りである。

さらに平松は「大東亜共栄圏」も視野に入れて、「生活の利便のために日本語を学ぶ時代は過ぎたのである。日本語を学ぶことによつて、日本を、日本人を理解し、日本人のやうな気持ちになつて、相携へて、東亜共栄圏を築き、八紘を掩ひて宇となさねばならないのである。もっと簡単に平易に言ふならば、お互が、兄弟となるために言語を共にするのである」ともいう(24)。「日本人のやうな気持ち」というところがミソだろう。しかしながら、いままでの国語教授法は、こういった時勢に合わない。

そこが「行詰」りの原因なのだ、と述べている[25]。それではどうすればよいのか。筆者である台湾総督府台北第一師範学校訓導で、算数の教育に力を入れていた平松誉資事の答えはなかなか秀逸である。原因は「言語学に立脚し文法中心の所謂大人への教授をやさしくしていた〔初等教育での〕教授法」にあり、「過去の教授」における無理・無駄・不自然・不合理は「言語学てふ余りにもむづかしい理論を過重視して来た結果」なのだという。言語学と言語教育を切り離すわけである。それはつまり、

児童には児童の生活があり欲求があるであらうし、言語学習に対しても、児童としての心理の発達があると思ふ。言語学に立脚せず児童の言語発生発展に立脚し、生活に即し、教授者の立場を考慮し、所謂教授態様を規定する三つの立場、即ち被教育者（児童）と言語（国語）と教授者の三者一体の境地を建設〔……〕[26]。

ということになるらしい。主に文法論が諸悪の根源とされているのだが、言語学の面目まるつぶれである。平松のこの書籍は「別名（台湾に於ける音声国語教授の新研究）」との副題をもっており、具体的な内容としては、「聴き方」「談話」「会話」「綜合生活」による指導を説いていく。「話しことば」での指導、児童の心理・生活に密着した指導、ということになる。

この書籍のなかで、平松は「行詰」りをみせたいままでの「構成式話し方教授」への対案をいくつか掲げている。そのなかのひとつが「会話一元」というものなのだが、その前に、行き詰まったとされる「構成式」の解説は以下のとおりである。これは大正年間に台北師範学校附属公学校から発信さ

れた教授法で、またたくまに台湾全島に広まった。その根底にあるのは「実用主義的哲学」であって、「目的を近々に求め、実行によつて之を達し、更に新しき目標に向つて、永遠に発展して行く中に、自己自身を構成し、創造せしめ、自己の生活を学習する」というものだそうで、それに基づく教育は、目標が設定され、語彙や表現も制限されていくといった弊害があるという(27)。

平松は台湾における国語教授の変遷を「第一期　対訳時代（翻訳時代）」、「第二期　グァン氏式教授法による時代」（明治三十年代から）、「第三期　エスペルゼン（イェスペルセン）氏式教授法による時代」（大正初年から）（直接教授法）、「第四期　構成式時代」（大正七、八年から）、「第五期　改革時代」（昭和初頭から）と分類する(28)。この「改革時代」のなかで「会話一元の主張」がとりあげられることになる。「会話一元」について平松は以下のように紹介する。

国語的陶冶をするには会話が最も実際的で手つとり早い点に鑑み、会話一点張の主張をしてゐるのは台中の山崎氏である。会話一元への帰着を国語としての味ひのある国語、実社会に用ひられる、所謂、常用語を指導すべきを説き、現在の状況からして、国語常用の急務を説くの余り、最もその陶冶部面の多い会話一元を唱へてゐるのである。説として仲々よいものである(29)。

昭和初期からあるという「会話一元」の主張が、この皇民化期に強調されだしたのは故なきことではないだろう。次に、この引用にある「山崎氏」、つまり「会話一元」を中心的に主張していた山崎睦雄の議論にそくして、当時の国語教育のありようをのぞいてみることにしたい。

3 「二語併用地」としての台湾——安藤正次

とはいうものの、もう少し説明をしておきたい。山崎睦雄の著作は、『二語併用地に於ける国語問題の解決』という一九三九年刊行のものである。

この本の内容に入るまえに、タイトルにある「二語併用」について論じておきたい。

植民地下の台湾を国語との「二語併用地」としてとらえるのは、のちに台北帝国大学総長（一九四一～一九四五年）になる国語学者・安藤正次（一八七二～一九五二年）[30]にはじまる。これは一九三〇年前後のことなのだが（国語が普及しているという前提の用語であることに注意）、そのことばを冠した書籍である。台湾において「二語併用」ということばを用いるのには、以下のような背景がある。

「二語併用」ということばは bilingualism の安藤正次による翻訳語である。安藤は東京帝国大学文科大学選科生を経て神宮皇学館大学教授などを歴任し、一九二六年四月から台湾総督府在外研究員として米英独仏に一年一〇ヵ月留学。その後台北帝国大学法文学部教授となる。留学中にアイルランドの言語問題について資料を収集し、「アイルランド自治州の国語政策——アイルランド語の復興について」という論文を書く[31]。それとは別に、ヨーロッパ諸地域でのバイリンガル状況を論じた「二語併用地域における言語教育（上）」（一九二九年八月）において、翻訳語としての「二語併用」を登場させた。ルクセンブルクでのフランス語とドイツ語、ウェールズでの英語とウェールズ語が「相並んで用ゐられてゐる」ところを厳密な意味での二語併用の国や地域と規定する。その一方で、ベルギーにおける南部のワロン語と北部のオランダ語というような単一言語地域の複合として国家が存在する場合も、本義からははずれることになるが、「二語併用といふことを広く解釈すれば、ベルギーなどの例もそのうちに含ませてみることが出来よう」とする。さらに、こうした制度としての「バイリンガリズム」ばかりではなく、「オランダにおけるドイツ人の児童が、一方ではオランダ語を用ゐてゐながら一方ではドイツ語を学んでゐるといふやうな、言語上の二重生活を営んでゐる場合にもあてはめることが出来る」と、個人の二言語使用も「二語併用」の一例とし、「さらに、これをおしひろめて行けば、わが国の辺鄙な地方で、東京語と方言の両方がつかはれてゐるやうな場合をも、二語併用の一つの例と見ることも出来よう」というように、「標準語」と「方言」もその例として考えうることを示した(32)。

そして、この論文「二語併用地域における言語教育（上）」は『台湾教育』に連載されたこともあり、欧州各国の言語問題と台湾の状況とを比較している。同論文（下）では安藤はカタルーニャ（カタロニア）、ウェールズと同じ位置に台湾を置く。

さて、わが台湾は、まづ大体から見て、現在では二語併用地域であるといってよい。言語教育上の方針からいへば、国語をウエールスにおける英語、カタロニヤにおけるイスパニア語の地位を占めて居るのであるから、一語専用主義の教育が施されてゐるといへる。本島語は、これに対してウエールス語、カタロニア語の地位に立つものである。蕃語をこれに加へれば、本島は三語併用地域ともいへるが、国語と本島語、国語と蕃語といふ関係から見れば、或特殊の地域や場合を除けば、台湾は二語併用の地域であると見ても差支ない(33)。

台湾は「国語」と「本島語」(「台湾語」)、「国語」と「蕃語」(原住民の言語)の「二語併用地域」の複合として存在するというのである。では、言語政策はこの「二語併用地域」にいかように対応すればよいのだろうか。

二語併用の地域において一語専用の言語教育を施して、十分にその効果をあげ、すべての住民の言語を国語化してゆくといふことは、近代国家の理想とするところであり、あらゆる国民を国語によつて統一するといふことは、国家統治上重要なる意義を有する。何となれば、同一言語によつて思考し、同一言語によつて思想感情を発表するといふことは、国民精神生活を一にする所以であるからである(34)。

「一語専用」こそが時間がかかるにせよ、ふさわしい方策であり、「近代国家の理想とするところ」であるという。それは統治上の効率というばかりではなく、

二語併用地域において、国語による一語専用主義の教育を施すのは、将来その地域をして一語専用の地域たらしめるといふ遠大の政策に本《もと》づくのである。国家統治の上から、同一国家に属する国

民が同一国語を用ゐるといふことが要望されるのみでなく、被統治者の側から見ても、またこのことが、その福祉増進の上に重要な関係をもつ。同一国家に属して居りながら、他の国民とちがつた言語生活を営んでゐる国民は、思想感情において、おのづから他との融合混一を欠くを免れない。〔……〕国家が新附の民に対して国語専用の政策をとるのは、この国民的不幸の根帯《こんたい》を芟除《さんじょ》しようとするに外ならない。従来母語を異にしてゐた国民にとつては、異なつた言語を国語として課せられることは、さしあたつては不便であり、これを学習する児童にとつてその心的発達にかなりの障害を来すものであることも事実であらう。しかし、永遠の利害より見れば、一時的の不便不利は忍ばなければならぬことである。しかもまた、その不便不利は、言語教育の改善によつて、もつとも少い程度に軽減され得るのである(35)

といった理由で、当初は不便があるにせよ、「母語」を失い「国語」を専用することが被統治者の福利にもなるというのである。そしてさらに、「わが台湾の一語専用主義の教育が〔……〕世界の他の二語併用地域における言語教育に対して特殊の地位を占めてゐる(36)」という。

欧州の「二語併用」の状況とその「弊害」を示し、それゆえに「一語専用」の台湾の言語教育が優位であるというわけである。

これは一九二九年の文章であり、この時点で安藤が台湾で過ごした時間はそう長くない。これがたとえば、一九三七年の文章になると、表現が若干激化する。

近代ヨーロッパの国家は、多くは新附の民に対して国語強要の政策をとり、在来の言語に圧迫を加へて、その絶滅を図り、しかも、完全に所期の目的を達することが出来ないのみならず、常に無用の反抗を唆つて民心の離反に苦しんでゐたのであつた。少数民族の言語が、大なる問題として取上げられて来た所以は、こゝに存する。しかるに、わが国にあつては、新附の地を以て本国の延長と考へ、新附の民を以て日本民族の構成分子と見、一視同仁の治を布くことが、当初からの方針として是認されてゐたからして、言語の上においても、その古きを奪はずして、新しきを与へる道を講じた。これを賢明といはずして何ぞやである。しかも、国語による教育によつて、新附の民を同化するといふ方針は、実に台湾領有の当初において確立されたのである。(37)

要は、近代ヨーロッパの諸国が「搾取—被搾取」という関係で「新附の民」に対したとすれば、日本と台湾は「内地」を延長していった「一視同仁」、天皇の前での「平等」という関係であり、それは領台初期からの確固とした方針としてあるから「賢明といはずして何ぞや」となるのである。問題の解決にはほど遠いのであるが、こうした主張を安藤はことあるごとにくりかえしていく。たとえば一九四〇年には、「欧洲人の言は植民地の言葉と同じ言葉を役人に使用させようとするので植民地を搾取しようといふ態度から発するものであり、我が国のは、在来の領土、人民と同じ如くみなさうとする一視万民の立場をもつてゐるので、出発点から異るのである(38)」としたうえで、

〔……〕台湾に於ける国語教育が今日の如き成果を見るに到つた重要な原因は、国語によつて民族

を公民化して行くといふ政策をとつたと同時に、国語を強用しなかつた事である。これは朝鮮に於いても言はれる事で、ヨーロッパに於て英国がアイルランドに対してとつた英語強調政策、ドイツやロシアがポーランドに対してとつた国語政策を見ても知れる如く、厳しい禁圧政策をなすと必ず反抗が起るものである。

我が国の行つた母語延長主義は、長年月を要するが全く当を得たものであると言ふべきであらう。(39)

としている。ここにみえるのは、あくまでも日本は欧州とは異なり、「強制」をともなわずに「国語」のみを専用する政策をとっている点がすぐれているという信念である。このように「一語専用」のよって立つ土台を「一視万民」という統治イデオロギーにもとめたのであるが、ヨーロッパの言語問題の検討は、たんに日本の植民地政策の「よさ」をきわだたせるためだけの材料になっている観がある。

そうしたなかで、多言語状態(「二語併用」)とは制度的にはもちろん、個人のレベルでも異常な事態であって、国語専一状態という理想を現出させるまでの過渡的な形態であると安藤はみていた。

さらに、一九四二年の文章になると、「統治の方針は皇民化にある。かくて、日本語は、国語として、全然在来の言語と置きかへられるべき筈のもの」という原則には変わりがないが、「国語普及の実情」はそれほど率の高いものではないという現状を知るようになったからか、以下のように現状をふまえた本音を吐露するようになる。

高圧的に国語を強制することが普及の良策であるかのやうに考へるのであらうが、それは過去の夢である。〔……〕台湾における国語の普及が一部論者の期待に副《そ》ふほどに急速なるを得ないのは、必竟、策の宜しきを得ないためではなく、期待そのものが、すでに当を失つてゐるからである。風を易へ俗を移すよりも、言語を変へることの、どのくらゐむづかしいかを、よく理会しないからのことである。(40)

その前年にも、「本島における二語併用は、公に認められた制度ではなく、それは、単に過渡期における現実として存してゐるに過ぎない」と述べており、「一語専用」への志向は揺るがない。揺るがないにせよ、言語を変えることの難しさ、強制的にやってもうまくいかないことを理解しているからか、結論としては、「皇民の錬成と国語の台湾の実現とは、表裏一体を成して不可分の関係の関係にある」から、「本島人士の反省と熟思とを促す」という台湾人側の「熱意」を期待するしかない(41)、というういわば手詰まりの状況にあったともいえるだろう。

しかし、くりかえすが、目標としては「二語併用」は解消されるべき状態である、という認識は一定しているのである。

『半島の子ら』から

過渡期としての「二語併用」がどのような状況であったのか、少し角度をかえて、朝鮮の初等教育機関である普通学校に長年勤務していた飯田彬の「記録小説」である『半島の子ら』（第一出版協会、一九四二年）からみてみる。主人公である普通学校の生徒「秀永」は、学校の修身の授業でふと「日本語」という単語を使う。その瞬間、「嶺先生」は「見事に裏切られたやうな憤ろしさを覚え」、次のように言う。

「みんなに聞くが……日本語なんて言葉を使つてゐるのかな……」おやツ、先生の声。何だ、先生は怒つてゐるのじやないか知ら。みんなぱちくと瞳をこらしたが、先生の顔にはもう一面に微笑が浮かんでゐる。

「違ひます。決して使ひません。秀永君、間違つたのです。」級長の李愚千だ。

「さうく。先生もさう思ふ。秀永君は何かの間違ひだな。日本人が日本語をつかふのは当り前じやないか。立派な日本の兵隊さんが立派な国語で、天皇陛下万歳とはつきりと唱へられるのは当り前のことじやないか。

先生が何故叱つたか分るかな……。そりやまだみんなのお祖父さんなどには、何の考へもなく日本語など、言葉を使つてゐる人がある……でも、みんなはいけないのだ。どうしてもいけないのだ。なぜなら、日本語といふとまるで国語は朝鮮語と対ひ合つてゐるもの、のやうな気持がするじやないかね。そんなものじやないぞ。朝鮮語はね……日本のお国の言葉の中の、さあ難しい言葉だが、方言といつて、夫々の一つの小さな土地の言葉なんだよ。だから少しも話せない人には方言も使はなくちや仕方もないが、分る人には必ず国語——標準語を使はなくちやいけないのだ。

〔……〕みんな知つてゐるね……内鮮一体つて言葉を。ほれ、学校の前にもはつきり掲げてあるだらう。あれはね。一番先にこんなことから始めなくてはいけないのだ。朝鮮だの内地だのと、何か区別した物の云ひ方をしたり、今云つたやうな日本語といふ言葉を使つたり――こんな事を全くなくして仕舞はなくちやいけないのだぞ……。

　ましてだよ。みんなは大東亜といふ広い〳〵世界の半分にも近いところを、背負つて立たなくちやならない子供だ。ちつぽけな……蛙の卵のやうな心を持つてゐては大変だぞ。分つたかな。さ、先生にきつと約束するんだよ。日本語なんて言葉を決して使はないつて……。でもねみんなが大きくなつて支那や其の外のお国に行つた時は、大威張りで日本語といつてい丶し、そしてそれをどん〳〵拡げなくちやいけない。……うん、うんと拡げるのだ。大東亜の人は少なくとも日本語をみんな使ふやうにな――」

　秀永がぱつと面を上げた。――何か思ひつめたやうな瞳の色だ。その瞳が大きく嶺先生を見つめたかと思ふと、涙がころツと落ちた。続いて幾つも落ちて行く、手放しのま丶、である。[42]

「国語」を話すのであり、「日本語」であってはならない、というわけである。現実にこういう状況が存在したのかは分明ではないが、教員として求めたいことではあっただろう。

また、「大東亜共栄圏」には「日本語」として、その担い手になれ、と植民地の子供に督励していく場面は、当時の「かくあるべき」状況を正確に反映している。

4 「会話一元」という思想――山崎睦雄

解決されるべき二語併用

さてようやく『二語併用地に於ける国語問題の解決』に入る。著者は山崎睦雄。台中市の公学校などで校長を歴任していた人物である。この本の題名にある「二語併用地に於ける国語問題」とは要するに「二語併用」の弊害であり、それは「国語」のみが話される状況を目指すことによって「解決」される、という含意だろう。安藤の論文が理念を示したものだとすれば、山崎は、その具体的方策を論じたといえる。

この本の「自序」では国語教育について以下のように述べている。

> 言語習慣を異にする者に対する政治・教育の要諦は、是を同化するにあることは言ふ迄もない。而して同化とは生命的融合のことであり、是を助成するものは、生命の媒介をなす言葉の働きに俟たねばならぬ。元来言葉には思想の交換を目的とする思想語以外に生命の交流を目的とする生命語がある。それに依らなければ二語併用地に於ける政治・教育の根本目的たる同化の実は絶対に挙げられないのである。何となれば、言葉を教へることは思想統一のためでなく、心の持ち方（生活態

度）及び生活の仕方（一切の慣習）を教へることでなければならぬからである。〔……〕生活態度の支配者は各人の生命であり、此の生命は生命語に依つてのみ拘束せられるものであるから、生命語に依らなければ生命的統一は不可能である。〔……〕生命語を取扱ふ教科目が他にないならば、話方に於て是を取扱ふことは当然の権利であると言はねばならぬ。[43]

山崎はこの本を出した一九三九年にいくつか実践的な本を出している。そのなかのひとつ、『公学校各学年用話方教授細目』の「細目編纂にあたりて」では、山崎が「二語併用」をどうみていたかが明らかにされている。つまり、

幾ら努力しても自分の満足する子供とはなつてくれない。教師の目前は兎も角一度校外に出ればそして卒業すれば各々の想像した子供とは別人の様に変つて来る。斯うした公学校教育者のみの体験する悲哀に悩みつゝ其の原因の究明に思索を廻らした結果公学校の中心生命とも言ふべき言語教授に矛盾と欠陥のあることに気付いた。[44]

学校のなかでだけ国語が使われている、「二語併用」とはほど遠い状態にあるという認識である。先に「国語解者」についての統計を引用したが、国語を理解するというレベルをこえて、現場教師としてはそれ以上のものを要求していたことがわかる。「国語常用」は「皇恩に酬ゆる島民の責務」[45]と

断じる山崎にとっては、こうした状態があってよいわけがない。「生活の方便としての国語を必要とする時代にありては翻訳語としての国語を授ければ其で目的は達せられる。然し国語を常用して生活せんとするための要求であれば吾々の常用する言葉を授けなければ決して目的を達することは出来ない。〔……〕さうでないと国語常用者も皇民化も絶対に望まれないからである」(46)というわけで、「国語常用」運動において「常用」させるべき国語そのものをきちんと検討しなければならないと主張するのである。

山崎は一九二六年ごろから児童が「常用」しない理由について考察をおこない、学校における「話方教授の改革」が必要であるという結論にいたったという(47)。具体的に教育においてどういう問題があるのか、というと、

1　国語の本質的研究がなされてゐないこと

2　言語の様相が単一であること

(イ) 国語を発生過程から見て、幼児語、児童語、成人語の区別なく成人語を本体としてあること

(ロ) 言語と性との関係上から男性語、女性語の区別なく中性語を本体としてあること

(ハ) 言語の品位から見て、常体、敬体を本位として俗体の言語が取り入れられてないこと

(ニ) 新造語、転義語に対する取扱が欠けてゐること

3　言語的慣習が無視されてゐること〔……〕

- 日本語
  - 音声言語・身振言語・文字言語・記号言語
    - 会話体
      - 第一形態（常用体）
        - 家庭語
        - 常用語
        - 生活語
        - 生命語
      - 第二形態（社交体）
        - 社会語
        - 社交語
        - 生命的思想語
    - 談話体
      - 第三形態（講演体）
        - 国家語
        - 講演語
        - 思想語
        - 論理語

4　会話の実際性が度外視されてゐること〔……〕

などをあげている(48)。

「生活語」とは何か

「国語の本質的研究」について山崎は『二語併用地に於ける国語問題の解決』のなかで、場面における種々の相に分類してその使用のあり方を研究していくべきである、と述べている。相手や場面によることばの位相差に着目しているわけだが、詳細に上図のように分類する(49)。

ここで「生命語」や「思想語」なることばが登場する。山崎の説明によれば「社交体や講演体は主として思想を表はすための思想語であるに反し常用体は自己の気分乃至生命を直接的に表現する生命語である」という(50)。

要するに普通の話しことばを指すのだが、「生命語」を教えないと同化ができない、と山崎は主張していく。その根拠は以下のように示される。

> 従来の国語教授に於ては会話教授に於て社交体を取扱ひ談話教

授に於ては講演体の国語を授けて居たもので常用体の国語は殆んど取扱つて居ないし否寧ろ取扱ふことに危険をさへ感じて居たのである。常用体の言語が吾々の常用語である限り是を指導せずして国語常用者の出来る筈はないのである。内地人と話す時は国語を使ふが本島人同志になると直ぐ台湾語を使ふ理由は茲《ここ》にある。[51]

日本人が話すようなことばを教えなければ、「常用」なんてしないではないか、といった簡単な論である。それは日本人の生活習慣に即したことばを教えることであり、具体的な教育の場においては、「日本語を教へることは、日本精神を教へることであり、日本式生活様式を行ぜしめることでなければならぬと言ふことになる。つまり、言（日本語）、心（日本精神）、事（生活様式）の一元化、其処に国語教育の本義があるのである[52]」という前提のもとで、この『二語併用地に於ける国語問題の解決』では、「会話一元」という目標が設定される。要するに、日本人らしい自然な日本語を話すような指導である。くりかえすが、これが皇民化とともに語られるのである。

「論理語」の排除——話しことばと身体所作

「会話一元」ではたとえば「論理語としての台湾語から受ける心的影響」は排除される。「論理」では「生命」をあたえられないということなのだろう。つまり、山崎がいうには、「生命語」による「会話一元」によってこそ国語教育が達成され、「同化」が達成されるというわけである。山崎は「論理語に接しても国民的な切実感は起らないであらう」と述べ、したがって「この意味に於て他の言語民族の同化には、そして八紘一宇の理想を実現するには、日本語としての生命語の働きに依らなければならないと言ひ得るのである」と断じる(53)。論理は不要、精神だ、という構図は、皇民化の雰囲気に非常によく合致している。

ここで、「論理語としての台湾語から受ける心的影響」について、台北帝国大学助教授・植松安（国文学）の伝聞をあげておく。植松は、公学校の生徒が楠木正成・正行父子の忠君の話を習ったときに、「最後に一生徒が、いとも真面目に「楠氏一家が皆死んだのでありますが、然らばその家の遺産はどうなつたのですか」と質問したさうであります」と聞いた話を記す。そしてややあきれ気味に植松は、「凡そ国民性の相違と申します事は、殆ど絶対でありまして、一度国境を越えて、言語の異る地方に行きますれば、その地の人間の精神は全く違ふのであります。これを融合せしめ調和せしめるといふ事は、非常に困難であります。殊にこの台湾の如きに於ましては、吾々がその困難さを日々に痛感して居るのであります(54)」と論じていく。「国語」を教えさえすればよいというわけではないのであった。なお、植松はこうした状況とは異なり、一九三五年の台湾中部大地震の際に瀕死の重傷を負った公学校の生徒が、息をひきとるまぎわに「君が代」を歌い亡くなっていったことをあげ、「民族の精神的結合も、強ち全く落胆する事のみでも無いやうにみえます」とする(55)。

こうした「違和感」が示されることもあった状況下、山崎のこの本では実際に「会話一元」にもとづく「話方」の教案が提示される。「第二学年話方科教案」はたとえばこんな感じである。

題材　掃き方

母「芳ちゃん、一寸ここはいてちやうだい。」
子「はい。」
母「芳ちゃん、考へが足りないのねえ。」
子「どうして……」
母「風が向かふから吹いてくるでせう。風上から風下にはかないと、ほら〳〵人の方に向けては
くんぢやない、それが一番失礼になるのよ。」

〔……〕

目的
掃き方を指導しつゝ、国民的作法・生活規範への統一を図り、併せて会話力の錬磨に努めたい。(56)

掃除にも「国民的作法」があるのかという感があるが、これは「掃除は作業なりとのみ考へてゐる公学校児童に対し、掃除の仕方を指導するといふ事よりも、むしろ、「掃除は作法なり」「掃除は修養なり」と云ふ観念に迄引上げて行く所に、本教材の教育的価値を見出さねばならぬ(57)」という台湾人児童への教育方針のあらわれのようである。

つまり、文法的に問題のないことばを習得することに焦点があてられるのではなく、「作法」、あるいは身体所作も習得してこそ「会話一元」の「国語教育」なのだというのである。このような「日本人らしい自然な日本語」を獲得するには、生活習慣から日本的にしなければならず、そうした生活習慣を理解するには日本の文化・伝統も理解体得しなければならない、といった議論に当然いきつく。

それが山崎のいう同化＝生命的融合であった。しぐさまで日本化せよという、身体所作まで同化作用を及ぼそうとしていたわけである。

さらに、「会話一元の話方に対する本校職員の体験談」という項目がこの本に載せられている。これは山崎の教案に基づいた実践の感想であるが、五年生の話方を一年間担当した教員の感想では、その教材はすべてことわざと格言であったという。「ことわざや格言は、国民性の反映であり、伝統から生れて来た生活規範である事はいふまでもない。殊にそのことわざを知ることによつて国民教育が可能となる事はいふまでもない」としたうえで、公学校教育にはこうした教材がないことを指摘し、「本校の細目に依つてのみ国民的陶冶が始めて出来る事を固く信じてゐる。確かに本校に於ける会話教材は、児童に与へられた人生哲学であり、宗教哲学である(58)」とまでいう。

相対化される「標準語」

「会話一元」をおしすすめれば、教育すべき「標準語」の位置づけも変わってくる。つまり、「国語常用」をするには、さまざまな感情を表現できるものでなくてはならないのに、教えるべき「標準語」はあくまでも山崎の分類でいう「第三形態」（講演体）でしかない。「標準語」が内地人にとってさまざまな感情を表現できるものではなかったのと同じである。

凡て各民族の気分は、その国の言葉の話し振り、即ち口調に表はれるのでありますから、話し振りを通して気分の国語化を図らないと、真の国語常用は望まれないのであります。つまり普通の話し振り、感動した時の話し振り、怒つた時の話し振り、それから親し味を表はしたり、甘へたり、ねだつたりする時などは一々話し振りが違ふのでありますから気分の相違に依る話し振りの変化を会得しなければならないのであります。〔……〕内地人と寸分変らない話し振りが出来るやうになつたときそれは、とりもなほさず台湾民族から日本民族への向上でありそれが皇民錬成の到達点となるわけであります。(59)

教科書に載っているような「標準語」ではなく、日本人が話すように話せ、ということ。これは、先にも引用したが、教科書において、「幼児語、児童語、成人語の区別なく成人語を本体としてあること」「男性語、女性語の区別なく中性語を本体としてあること」「常体、敬体を本位として俗体の言語が取り入れられてないこと」を不備としている点とつながっている。もちろん、どういったものが「日本人が話すような」ものかが共通認識として定着していたとは思えないのであるが、属性や場面による使い分けがきちんとなされて初めて「国語常用」が可能になる、というきわめてハードルの高い設定なのである。

「会話一元」の思惑

山崎は日本語の会話速成書も著しているのだが、そのなかで奇妙なことを述べている。これは「始メテ日本語ヲ習フ人ノタメニ、日常必要ナ言葉ト会話ノ基本形式ヲ示シタモノ」で、「日本語ハ相手方ノ地位・身分・年齢・親疎・性別ニ依リ、言葉ノツカヒ方ガチガヒマスカラ、コレヲ誤ラナイヤウ二十分注意シテ練習シナサイ」とされている。[60] 二五課に分かたれた本文のなかで、一課から二三課まではいわゆる敬体が示される。たとえば「十三　掃除」は次のような感じ。

甲「大掃除デスカ。」
乙「ハイ、一生懸命デス。」
甲「マダ　スミマセンカ。」
乙「モウ　スグ　スミマス。」[61]

そして二四課は「常用練習」で、最後は「総練習」となっている。二四課は、「コレハ　家ノ人ヤオ友達ニ　使フ　言葉デス。〔……〕括弧内ハ　女子ノ言葉デス」と指摘したうえで、それまで扱った会話を「常用体」で書き直している。「掃除」に対応させれば、

甲「大掃除。」
乙「ン（ハイ）一生懸命ダ（デスノヨ）。」
甲「マダ　スマナイ。」
乙「モウ　スグヨ。」[62]

となる。もちろん、これがどの程度効果的であり、あるいは実際の会話にどれだけ近いのか、といっ

たことはここでは問題ではない。そうしたものを教えてこそ同化が可能なのだ、という考え方があったことが重要である。

もう一点注意しなければならないのは、二三課までの内容が「年上ノ人ヤ内地人ト話ス時ノ言葉デス」と明示されている点である(63)。いってみれば、内地人とはタメ口きくな、ということである。ここにあるのは大きな溝である。一方で、台湾人同士で「生命語」を使いあえ、という奇妙な状況を想定しているわけである。

また、山崎の議論以外にも、敬語の「正しい」使い方を台湾人にいかに教育していくかという議論もあった。そこでは「南方共栄圏」への日本語の「進出」と絡めた議論がなされるのであるが、基礎語の制定などとともに語られる敬語問題は、決して簡易化へは向かわず、敬語法の整理へと至るものであった(64)。

以上のような諸点をふまえてみれば、第一章で引用した『台湾人生』のなかでの「あなたたちよりもいろんな日本のマナーを全部マスターしてたのよ。みんなマスターしてきたんだから、ほんとの日本人」といった発言もこの延長線上にあるといってよい。

5 排除される台湾語

次に、山崎の台湾語への視線をみておきたい。「二語併用地に於ける政治・教育・宗教に従事する者は其の第一資格として台湾語の研究を要する」という。ある意味ではまっとうなのであるが、「研究」の結果下された「著者の見解」は驚くべきものである。

一　台湾語は論理語である。〔……〕

二　言語形態に判然たる区別がない。

話語としての国語には三つの形態があることは既に述べた所であるが、台湾語に於ては家族に使ふのも長上に使ふのも総て同一形態である。講演語に於ても日常使用の言葉と形態的区別は殆ど認められない。

三　台湾語を本質的に考察して

1　台湾語には成人語のみで、児童語・幼児語の区別がない。

2　台湾語には性的区別がない。

男子も女子も同一言語を使用してゐる。

3　俗体・常体・敬体の三区別がなく常体と俗体のみである。

4　台湾語には時代性がない。

四　台湾語には語彙が少い。〔……〕

七　言語文化として見るべきものが少い。(65)

日本語の形態を事細かに分析した枠組をそのまま別の言語にあてはめてみたところで何の意味があ

るのだろうか。しかも、あてはまらないからといってその言語の価値をおとしめるような論調である。「時代性がない」とか「語彙が少い」とか、何を以てそう断じるのか、理解しかねる。山崎の力点は台湾語には「生命語」がなく、「論理語」のみだというところにある。それはそれで立派な言語だと思うのであるが、「論理語」のみだとすれば「論理」をいう主体、つまり「自己」が強調され、「其の結果自己と云ふ意識が非常に強調せられることは当然の帰結である。自己意識が強化すれば、凡てに於て自己本位即ち個人主義となるのである」として、これが「台湾語に依つて拘束せられた児童」を生む原因なのだ、とするのである。(66)

山崎の論理にしたがえば、日本語に生命語があるなら、当然台湾語にも生命語がなくてはならない。話されていることばなのだから、となるべきなのに、そうはならない。生命語としての日本語の話しことばの絶対的優位を主張したいがための議論のみがここにある。

第三章　「かれらの日本語」の発生

教育する側の理念を中心に追った前章とは異なり、本章では、実際に児童がどのような日本語を話していたのか、そしてそれがどのような場で生成されてきたのかについて、当時の記述を用いながらみていく。そこで記述されたものを、本書では「かれらの日本語」の一部ととらえるが、みえてくるものは、学校という場で児童たちが変化させていくことば、教員側にも統一したものがないことば、学校という場の外で状況にあわせて変化していくことば、各地から集まってきた日本内地人の諸方言から形成されてくることばが、重層的に絡み合いながら存在していた状況である。それはものによっては「台湾方言」などと称されていた。

以下、主に台湾人児童が公学校で話す日本語に関する記述、日本人教員の日本語の実態、そして、学校の外での日本語、台湾に在住する日本人たちの話す多様な日本語、また、そこから生じつつあった変種、さらにこれらすべてが影響しあうなかで生じつつあった「台湾方言」などについて論じていきたい。

1 「会話一元」の実際――公学校の国語

「自分勝手な常用体」の発生

前章では皇民化期を中心になされた、「国語常用」しかも「会話一元」で、という主張を紹介したが、実際には児童たちは自由に、使いやすいようにことばを変化させていく。

それは日々公学校の児童に接していた、前章で紹介した山崎睦雄も認識していた。以下のように記している。

公学校には俗に言ふ公学校式の句調あり即ち語頭に特に力を入れ又は語尾を打ち切つた様に発音する風あり又語調に於ても台湾語から来る起伏形（鋸形）のごつ〳〵した表現をなすものあり徹底的に矯正するを要す殊に「これ何か」「貸して呉れ」等の如きものは其の表現を誤ると粗放となつて耳障りのするものとなるが正当に発音すれば一種の親愛感を表はすものなれば是が指導には特に留意すべし。(1)

「公学校式」と称される特徴がここでは指摘されている。また「教室で習った標準語が実際の生活に役立たないのであるから、之を焼き直して自分勝手な常用体を作って之を使ったのであります。「先生、雨降る教室はいる、い、か」と言ふ様な変形語が全島的に根強く喰ひ込んでゐるのは是がためであります」ともいう。前章で紹介した山崎睦雄の表でいえば、「常用体」とは「家庭語、常用語、生活語、生命語」を総称したものである。したがって、「自分勝手な常用体」も、見方をかえれば、台湾独自の変化といえるだろう。ことばというものは自在に変化する。

台湾の書きことばでさえ、日本語の語彙が混入した文体が形成されていた。陳培豊は、「植民地漢文」という概念でこれをとらえようとしている。(2) それがある種の統一的書きことばの位置を占めることにもなり、書きことば共同体が立ちあらわれてくることにもつながっていくはずである。

そういった植民地漢文による共同性の確立は、おそらく公学校の児童たちには無縁であっただろうが、児童たちにとっては、話しことばとは静的なものではなく、常に変化にさらされるものであった。しかしながら、現場の教師はそれをどうしても認めることができない。

山崎の『二語併用地に於ける国語問題の解決』では、児童の日本語の「誤謬」の例を「発音の誤謬」と「アクセントの誤り」に分けて具体的に記している。内容は、のちにまとめて触れる他の観察者と同様であるので、ここでは細かに記さないが、それは山崎によって「変態的国語」(3) と称されていることを指摘しておく。ほかにも、先にとりあげた平松誉資事『大東亜共通語としての日本語教授の建設』においても詳細に「誤謬」が記録されているのだが、なかには文法的に問題はなく、単に表現が「日本語」らしくないというだけの「台湾語的国語」も記録されている。たとえば「一人ノ人、アノ一軒ノ家、アノ一本ノ木」、「イッポンノエンピツデカク」「イッピキノ犬ヲツレテイキマシタ」「ウソニ考ヘマシタ」(＝考えるふりをしました）という例や、「五銭ヲモッテ紙ヲカイマス」「筆ヲモッテ字ヲカキマス」という「以て」が文体的に「不自然」なだけ、という例があげられている。[4] これを山崎ばりに「変態的国語」と呼んだら、少なくともいまの時点からみれば、おかしいだろう。

しかしながら、たとえば、すでに六〇頁で引用した山崎の本の「自序」にみられるような教育観のもとでは、そうした「誤謬」は、「公学校児童の話に発音や語調に誤りのあることは吾々の日本語感を傷付けるものである。語感を傷付けることは、言語集団としての同類感を阻碍するものであるから、言語に依る生命の結合に支障を来す」[5] ものとなるほかなく、そうした「誤謬」は「変態的な国語」と評されるほかはない。ここで明瞭に示されるのは「かれらの日本語」が「吾々の日本語感を傷付ける」迷惑な存在であるという認識である。だからこそ「かれらの日本語」をなんとかして「正しい」ものにしていこうという努力がなされるのである。

山崎的な議論からすれば、これは以下のように意味づけられる。

公学校児童の案出した国語は縦令《たとえ》それが変態語であっても彼等にとつては唯一の生命語である。彼等が当然の権利である自主創造の生活を営まんとする時、之を国語に依らしめようとすれば、どうしても彼等の考案した、変態的ではあつても第一形態に拠らない訳にはいかぬ。[6]

こんな言葉が公学校で造り上げられ、それが今日迄放任されてゐるのであるから、是が社会的に進出するのも当然である。これ学校で変態口調の撲滅に力を注いでも短日月で成果を見ない最大の理由である。それかと言つて之を放任することは国語運動を益々歪曲に導くものであるから、力の限り必死の努力を払はねばならぬ。(7)

台湾語は生命語ではない、という確たる思いがあること、それでもなおかれらが作り上げた「変態口調」の国語が生命語であることを認めざるをえず、そのうえでその撲滅に必死にならねばならない、というのである。それはそれで真面目である。「変化」は「誤謬」でしかない、という思いこみをいま現在の視点から批判するのはたやすい。しかしながら、その「誤謬」が、「かれらの日本語」＝「変態的国語」とまでいえるように進行したもので、そう簡単に「撲滅」できないほどに成長していたことを、読みとることができる。「撲滅」に必死になったからこそ、「かれらの日本語」がはっきりと姿をあらわしてきたともいえるのである。

言語政策担当者の認識——統制の必要

現場の教員の認識はこのようなものであったが、日本の政策担当者の認識もほぼ同様であったことを確認しておきたい。たとえば、戦中から敗戦後にかけて文部省の国語政策に係わった釘本久春（一九〇八〜一九六八年）は、著書『戦争と日本語』（一九四四年）で、「日本語普及の具体的措置」について以下のように述べる。

その一は、全地域を一貫して日本語に統一を保たしめること。言葉に於いても、言葉を表記する書方に於いても、醇正にして権威ある日本語を移植するといふ努力が、各地域を通じて行はるべきこと。いはゞ植民地日本語ともいふべき変態日本語の成立するおそれは、今より厳密に戒めねばならない。(8)

統制を保ち、「植民地日本語」「変態日本語」のような勝手な変化を生じさせないようにすべきだ、というわけである。そしてまたこのようにも述べる。

〔……〕日本語普及の困難なる理由を日本語そのものの性格・構造に帰し、日本語普及の効率をあげるために日本語そのものの変革、日本語の伝統性と自然性を歪曲してまで簡易化し、単純化しよ〔う〕とするがごとき主張である。口を開けば日本語の複雑をいひ、難解をいひ、普及方策上日本語の特殊なる単純化を必要とするといふごとき態度である。(9)

いわば「正しい統制」をおこなうべきだというのである。もう少し引用する。

日本語の普及にあたつては、たゞ便利な、簡単な言葉を普及しようとするのでなく、できるかぎり正しい、美しい日本語、私たちの遠い祖先から承け伝へて来た正しい美しい日本語を、異民族のひとびとの間に植ゑつけるやうに努めなければならないと信じます。(10)

こうした日本語の統制をおこなうためには、普及をする側の意識をも高めねばならないという主張につながる。

話し言葉を「雅び言葉」に育てようと努めてゆくとき、私達は、今日の国民生活全体を、いつそう立派に、仕上げてゆく道に、いつそうこの国がらの尊さを現はす道にしつかりと立つことになる。毎日の、身近かな生活が、そのまゝに、日本の国がらの尊さを現はすことになる。[11]

普及する側もされる側も、その話しことばに、「雅」にもとづく統制をかけようとしたわけである。こうした認識が、植民地における国語教員の認識を正当化することにつながっていった。

2 日本人教師の話しことば

さてそれでは、児童に「生命語」を与える側の教師のことばはいったいどのようなものだったのだろうか。そもそも、日本人教員の話しことばは、その出身地の方言であって、「標準語」を体得しているとは到底いえない状況であった。先の山崎は「標準語だけ教へて之を常用させようとするのは、言ふ方が無理だと言ふ結論になるのであります」として、教師の「常用語」＝「日常の話し言葉」と標準語とはちがうのだ、とやや開き直った発言をしているほどである。[12] ちなみに先の『半島の子ら』

の「嶺先生」はきっちりと標準語を話すことになっている。

教員側のアクセント不統一の問題については、しばしば指摘されてきたことである。そしてそれが「かれらの日本語」のひとつの特徴をつくりあげていくことにもなる（後述）。

標準アクセントの設定はもちろんのこと、教員になる日本人に対して体系的な教育がなされていなかった（少なくともきちんとは身についていなかった）ことは確実である。

山形県出身の齋藤義七郎（一九〇八〜一九九一年。当時宜蘭高等女学校教諭）は、「小生渡台当時「金色」を「チンイロ」と読んだと児童に指摘されて、正しいと自認してゐた自己の発音に信を置けなくなつた」と回想している[13]。齋藤は一九三七年に台湾に渡り、一九四六年春に引揚げ、一九四九年には国立国語研究所の山形県担当の地方調査員となっている。山形方言に関する研究[14]があるが、話されていることばを観察する、という態度は、山形であれ、台湾であれ、変わりはなかったと考えられる。

川見駒太郎の場合

あるいはまた公学校教員であった川見駒太郎は「わが使ふ言葉の癖をそのままにおぼえし児童らをあはれに思ふ」という短歌を残している[15]。自身のことばへの劣等感の反映でもある。だから、というべきか、ラジオの語学講座で講師が「鮮やかな関西弁」で講じているのを聞き、「この人に指導せられた〇〇人はこの関西弁が正しい日本語であると信じ、忠実にこれを覚え込むに違ひない。私はそれを恐れたのである[16]」と一九四一年に記す。そのうえで、次のように述べる。

現在の台湾に於てもかうした事に反省して見る必要はないか。従来は内地人なるが故に自分の国語は正しいと自惚れてゐた。本島人に対してはそれが内地人なるが故に、東北人でも九州人でもその言葉を真似よと教へて来た。しかしその語法、発音（音質・音量）アクセントに於て、自分の言葉こそほんとに正しい日本語なりと断言し得る者が幾人あるであらうか。私は本島人に対して「内地人なるが故にその言葉には警戒を要する」といふ警告を与ふべき時期に到達してゐると思ふのである。〔……〕台湾に於て正しい国語を会得せしめこれを海外に派出すべきは台湾に在る教育者は勿論、一般在住者の責任であらねばならぬ。(17)

「日本人の日本語を信じるな。」強烈ではあるが、それが現実であったのだろう。

川見が台湾の言語状況に関して書き残したものは多く、本書でもしばしば登場することになるので、略歴を記しておきたい。一八九五年に静岡県磐田郡久努《くど》村（現静岡県袋井市）に生まれ、母校刮目小学校に奉職、愛知県第二師範学校を一九一七年に卒業後は愛知県で小学校教師をし、一九二二年に台湾に渡る。台北州順安公学校、台北市日新公学校を経て、文検（文部省師範学校中学校高等女学校検定試験）国語科に合格して、一九二九年からは台北市第二中学校の国語科教員となる。一九四三年からは台湾総督府文教局に勤務し、一九四六年三月に引揚げ、一九五七年まで豊橋東高等学校に奉職している。短歌をよくし、台湾にあっては、台湾歌人クラブの幹事をつとめた。歌集に『碧流』（一九四三年）、『履歴書』（一九七〇年）、『回顧集』（一九八一年）がある。一九八二年没。(18) また、一九四一年一一月から一九四二年二月まで三号刊行された『国語の台湾』（国語の台湾社）の編集を担当していた。この川見が台北二中で教えた生徒のなかに、一九九〇年代に日本で『台湾万葉集』編者として注目を集めることになる呉建堂（孤蓬万里、一九二六～一九九八年）がいた。孤蓬万里の『「台湾万葉集」物語』によれば、川見が短歌を詠むようになったのは一五歳のときで、台湾に渡ると結社「あらたま」に籍を置き、「相思樹」「台湾」にも加わった。日本の敗戦後も中華民国政府に留用されている。孤蓬万里に短歌の手ほどきをしたのは川見であった。孤蓬によれば、それは自身が「一年生の第二学期」のことで、「先生の作品は徹頭徹尾写実的であり、筆者〔孤蓬万里〕もその傾向をうけついだ」と述べている[19]。

さて、この川見は、

私に言はすれば、話方教授の要点は発音とアクセントの指導で、内容の敷衍、話の筋の構成などは第二義的なものであると思ふ。〔……〕我が台湾の公学校に於ける話方若しくは読方指導は従来どんなものであつたかといふと、発音或はアクセントは一般に内地人教師を標準にせよといふ程度で甚だ漠然たるものであつた。しかしこの内地人たるものがまた怪しいもので、その発音アクセントを厳密に調査した場合、果して自分の使用してゐる言葉の何パーセントが標準語に一致するか〔……〕かうした先生に指導される公学校児童（小学校も同じであるが）たるものまた迷惑なるかなと言ひたい[20]。

という。「内地人教師を標準」にしてみたところで内地人自身が「何パーセントが標準語に一致」するのかわからない、といった お寒い状況だったのである。川見はこうした認識のもとで公学校用の国語読本のアクセントを独自に付していった（一九三七年、雑誌『台湾教育』に五回連載）。日本内地であってさえ、ようやく一九三〇年代にアクセント教育・指導がはじまったばかりであるので、こうした状況は仕方のないことだともいえる。しかしながら、植民地での国語教育においては川見が記したような混乱があり、アクセント教育は喫緊の課題であった。

川見は静岡出身で先の短歌「わが使ふ言葉の癖をそのままにおぼえし児童らをあはれに思ふ」にみられるように標準語話者ではなかった。したがって、「誤ない標準語を遣つてゐる訳でもなく、全く常識の範囲と神保格氏の「国語アクセント辞典」を唯一の根拠として調査して見たに過ぎない」という。(21) 川見は五回の連載で『国語読本　巻一』にアクセントを付していくのであるが、こうした個人的な努力で対応するしかない状況にあった。

川見は、この『国語アクセント辞典』（一九三二年）によって自分のアクセントを内省してみたところ、「六割までは東京の標準語に近いアクセントであるが、残の四割中、二割は全く違つて居り、他の二割は自分でもどこへアクセントを付けてゐるかゞ曖昧な言葉になつてゐるのである」としつつ、「この曖昧な二割の言葉は私が郷里に居た頃は必ず固定したアクセントを持つてゐたのであるが、台湾に来て種々なアクセントを耳にしてゐる中に、いつの間にか固有のアクセントがぐらついてしまつたのである」と観察している。(22) ただ、日本人子弟を教える小学校でアクセント指導をしても効果がないのに対し、公学校では効果がすぐにあらわれることから、アクセント教育の重要性を訴えていく。(23)

敗戦後の回顧においても、

私は台湾に渡って台湾人の子弟を教育したが、彼等の日本語は母語に影響されてはっきりした一定の法則に従って発音された。〔……〕これらのアクセントは、時たま日本語と一致する場合もあるが、大方日本語とは似つかないものであった。けれどもその頃、まだ日本語の標準的アクセントを示す指導書がなかったので、日本人教師も、自分の出身地のアクセントによるまちまちの指導すらできなかった。その頃から私は標準的な日本語のアクセントを究め、日本語らしい日本語を新附の民に授くべき責任を感じた。そうして私の日本語のアクセント研究が始まった。(24)

と述べている。実際に、『公学校用国語読本の発音とアクセント』、『標準語の発音とアクセントの実際』、『国語会話読本』といった実践的な書籍を著し、台湾の新高堂から刊行しているようだ（未見のため、刊行年不詳）。(25)引揚げ後奉職した高校では「周囲が皆同一アクセントであるため、何の問題も起こらない」ということでアクセント研究は進展しなかったが、退職後に「少年時代よく使っていた言葉の中の一部と、標準語アクセントの相違を調べ」てまとめる気になり、一九六九年に『明治時代における久努地方の方言とアクセント』を刊行している。(26)

先の齋藤義七郎同様、アクセント教育の問題という現実から発して、自身の方言の記述へと向かった例といえる。

こうした点については、台湾人が話す日本語のアクセントを研究した寺川喜四男（後出）が、アクセント辞典を編纂していったこととあわせてみると、興味ぶかい。

呉濁流『アジアの孤児』から

方言が入り混じり、アクセントが混乱状況にあった、という点は、小説という形式ではあるが、一九〇〇年生まれの台湾人作家・呉濁流（本名、呉建田。一九七六年没）の自伝的小説『アジアの孤児』（一九四五年）にも、日本人教師の国語の不備を指摘する記述が出てくる。主人公・胡太明のはたらく公学校でのこと。

月に二回、実地授業研究批評会というのが持たれていた。ある時の研究会で、公学校児童の日本語のアクセントが悪いのは、本島人教員の責任だ、というような説をなすものがあったのに端を発し、なりゆきは内台職員間の感情問題に発展していった。

そのまま発展してゆくと、まずい結果になりそうだった。おもくるしい、一触即発といった沈黙が一座を支配した。その時、いつもは発言したこともなく、どっちかと言えばごく目立たない存在である曾訓導が立って、青白んだ表情で、校長に質問した。ふだん温厚な人だけに、みんなは何事が始まるのか、というような緊張したおももちで曾訓導の発言に耳を傾けた。

「本島人教員の日本語が悪いと言うが、いったいわれわれ本島人は、最初から日本語を知っていますか。その日本語は、あなた方が教えたものではないですか。第一、校長自身、朝会の時児童たちに『出《で》れ』と命令するではありませんか、『出れ』という国語があるということは、まだきいていません。それは『出よ』のまちがいではないですか。また伊藤先生のように、二言目には発音がどうしたとおっしゃる人が、ワタスのツホウはイワスのメイサンツで、スタガッテ料理法もツガッテイマシでは、教育上困りはしないでしょうか」

曾訓導の言葉は、水を打ったような場内にびんびん響いた。校長も、塑像のように黙して、一言もなかった。

そして「曾訓導」は職員の名札掛けに歩み寄り、日本人が先になっている順序を、日本人・台湾人関係なく「高級古参順」に掛け直し、「校長先生。真の内台一如は偏見にとらわれてはならない。つまり、色眼鏡でみてはならないのです」とのことばを残し去っていく(27)。時代的には一九三〇年代の設定であり、規範が成立していないのに規範を強制することだけが機能し、その前では「正しい国語」の話者ではない日本人も台湾人も同じ立場であるにもかかわらず、規範を強制するのは日本人だけだという状況を描いている。

一九九〇年代のインタビューから

一九九〇年代になってなされたかつての教員に対するインタビューのなかで、一九一四年生まれで台南師範学校を卒業し同校附属公学校で教えた萬田淳は、「教師の国語の正しくないもの、不適当なものは厳しく指摘されました。子供たちの台湾訛りが消えるように指導するのですが、教師自身、標準語に自信のないのが大勢いて標準語のアクセントには神経を使いました。戦後日本の中学校の教師になった時、研究授業が甘くて褒めあってばかりいて驚きました。台湾ではそれはみんな真剣でした」[28]と述べている。戦前の台湾と敗戦後の日本とを比べても意味はないかもしれないが、標準語アクセントの教育に、戦前の台湾がかなり力を入れている状態であったことは浮かびあがるであろう。その萬田クラスで教育実習をおこなった一九二一年生まれの郭文生も、師範学校において「ほかにも差別はいろいろありました。例えば、師範学校の学科に「話し方」というのがあったんですが、これは日本人はみんな「甲」です。九州や沖縄から来て方言の訛りの強い人でも「甲」。台湾人は標準語を話しますが、特に一年生はみんな「丙」。私もそうでした」と述べている。[29]「正しい」と思っていても、萬田が「子供たちには聞いてすぐ台湾人だとわかるアクセントのくせがありました。それで、教師もアクセントを正すことに力を入れました[30]」といった状況もあったことがわかる。

3　「台湾方言」としての「かれらの日本語」——福田良輔の議論

本章第一節で、公学校の児童の話す日本語の山崎睦雄による記述を紹介したが、台湾において非母語話者の話す日本語の観察は比較的早くからなされていた。[31]それらの観察は一定程度記述的であり、かれらの母語の影響を指摘したり、国語教育として日本語を教授するためには母語の研究が必要だとほぼ共通して唱えている。

確認しておきたいのは、これらの研究では、観察対象が当然のごとくに「誤謬」「誤用」とされていた点である。この点は山崎睦雄においても同様である。

しかしながら、先にみたように内地人とて「正しい日本語」の話者であるわけでもなく、これが規範である、と堂々と示すことができない現状にあって、「かれらの日本語」を、「誤謬」ではなく、「台湾方言」として認識する論調が登場するようになる。

そもそも、「台湾方言」ということばをきくと、台湾で話されている中国語の方言のことだと考えてしまうが、そうではない用法がかつてあったのである。

「台湾方言」という用語の初出は明確ではないが、たとえば、川見駒太郎が一九三五年に書いた「台湾の方言」という文章のなかで、「内地人」「本島人」とを問わず「国語（日本語）中に混用せられて国語の一部を形成し、而もその語は、台湾以外には通用しないか、若しくは甚だ意味の異つた語として聞かれる言葉」と定義しているのが早いものだろう[32]。

本章第一節では、「かれらの日本語」を誤謬、矯正の対象としてみる議論を紹介した。ここでは、そうした視線のみならず、「かれらの日本語」の多様なあり方を記していった人物の論点を軸にして論じることにしたい。

福田良輔《よしすけ》という国語学者がいた（一九〇四～一九七二年）。福岡県出身の福田は、一九二九年に京都帝国大学文学部国文学科を卒業してすぐに台北帝国大学助手となり、文政学部国語学国文学第一講座に勤務する。一九四〇年に同講座助教授（同講座教授は安藤正次）、一九四三年に教授となる。その後は一九四六年五月、四二歳の年に台北帝国大学を退官する（退官とはいいながら、勅令による体のいい解雇）[33]。すでに退官しているので、九州帝国大学では国語学の嘱託講師からはじまり、一九四八年には九州大学講師・助教授、一九五〇年から一九六八年の定年退官まで教授をつとめ、その後は青山学院大学教授となった。古代日本語が専門であり『奈良時代東国方言の研究』（風間書房、一九六五年）といった著作のほかに、数人での新聞連載をまとめた『九州の萬葉——ふるさとの文学とたび』（桜楓社、一九六七年）といった編著もある。(34)

このように十五年以上を植民地台湾で過ごした福田であるが、その間、専門にわたる論文を発表するなかで、台湾の言語問題に関する文章も若干ながら残している。

①「台湾国語問題覚え書」『台大文学』六巻三号、一九四一年七月

②「台湾に於ける国語の二つの姿（上）（下）」『国語の台湾』一号・二号、一九四一年一一月・一二月(35)

③「大東亜及び南方共栄圏日本語問題雑考」『台湾教育』四八四号、一九四二年一一月

以下、福田の議論を軸に、「かれらの日本語」のとらえ方をみていくことにしたい。

言語政策の基本思想

①は、『台大文学』という台北帝国大学文学会機関誌での発表ということにあわせてか、理念的議論に終始している。たとえば、「外国に対する進出・普及は希望しない相手には徒らに強要しても失敗する」という認識を示す一方、「国語に習熟することは、本島人・高砂族にとつては、精神的にも物質的にも日本帝国臣民としてのあらゆる資格及び行動の基調をなすものであつて、それ故、台湾の

国語問題は、内地や大東亜共栄圏に於ける国語問題とは別個のものであり、特殊な意義と使命とを有するものである」とする。そして、日本以外の帝国の言語政策が「失敗」しているのに「わが国」が成功しているのは、「一視同仁の大御心による統治精神がこれを解決し得た」からだとする。また、「八紘一宇の世界観こそ、東亜諸国に於ける日本語の言語政策の最高指導理論なのである」と述べ、「台湾に於ける国語の普及・改善・統一は、人の如何をとはず国民的自覚を以て国語を愛し国語の純正を期し、これを普及しようと熱情と善意とを抱くことが何よりも大切である」という結論に至る(36)。このあたりは、すでにみた安藤正次の議論と共通する。

「学童用語の国語」

さて、そういう福田であるが、台湾人児童の話す日本語に関する論述を残しているので、紹介することにしたい。

②「台湾に於ける国語の二つの姿」は、仏印における高等小学校での授業を参観したフランス人の観察の引用からはじまる。この記事は、文部省が刊行した『教育制度の調査』に二号にわたり、Francisque Vial, "Institutions Scolaires de l'Indochine"（インドシナにおける学校制度）を訳載したものの一部である。原文はフランス共和国文部省の監修のもとに刊行されている雑誌 *L'enseignement public* の七一巻一二号（一九三九年一二月）、七二巻二号、四号、五号（一九四〇年二月、四月、五月）に掲載されたという。これに適宜別の資料を補いつつ、『教育制度の調査』に掲載した(37)。

そこでは、フランス人ヴィアル（Vial）の感想は以下の通りであった。仏領インドシナでは「土語

を除く各学科の教授用語としてフランス語が用ひられ」ているはずなのにもかかわらず、

> 自分は最初質疑応答が安南語かカンボヂア語で行はれてゐるものと思つてゐたが、豈《あに》計らんやそれが印度支那訛のフランス語だつたのである。そこで更に仔細に観察した結果、（彼等が意識的に作つたのではなく）フランス語の粗雑な用法の結果それが崩れてフランス語でもなければ安南語やカンボヂア語でもない一種の野蛮な学校用語とも称すべき新しい言葉が出来か丶つてゐることを発見した。現在この新学校語（langue nouvelle ad usum scholarum）は殆ど完成の域に達し、固有の語調、語法、発音を有してゐる。この為に仏土教育修了試験のフランス語の書取の際に、フランス人試験官の朗読はまったく分らぬので之を敬遠して平素聞きなれた土着民教員の朗読によつて試験を行ふといふ珍風景が生れて来る。此所に一言語の崩壊過程が見られる。(38)

つまり、植民地の宗主国言語で教育をしても、教育を受ける児童の側が意識しないうちに独自の変化を来たし、宗主国の人間が聞いてもすぐにはわからないような状況にまで至っている、という指摘である。ヴィアルはそれを「野蛮な学校用語」「新学校語」と称している。ヴィアルの主張は、この「言語の崩壊」をくいとめるには、教授用語にフランス語ではなく「安南語カンボヂア語」を用い、フランス人にも「土語」習得を奨励すべきだ、と主張していく。(39)

福田はこの記事に触発されて以下の記述をするのだが、教授用語を「土語」にすべきだ、または「土語」を植民者にも奨励すべきだ、といったヴィアルの主張には反応を示さず、引用もしていない。

つまり、台湾語を教授言語に、内地人も台湾語を学習せよ、ということにはつながっていかないのである。そのかわりに、

わたくしは、台湾の国語教育に於いて、耳に聞いて本島語や蕃語と区別のつかないやうな日本語が教授用語として行はれてゐるとは夢にも思はない。仏印に於ける安南語かカンボヂア語か分らないフランス語のやうな、一種の野蛮な学校用語の日本語が台湾に行はれてゐるとは、つゆ思はないけれども、教室以外に於ける一種独特の学童用語としての日本語が、現在の台湾に於いても行はれてゐることを認めるのである(40)。

と述べるのであった。福田の論題である「台湾に於ける国語の二つの姿」の「二つの姿」のうちのひとつが、こうした観点からみた「学童用語の国語」である。

すでに児童たちの間には、教室で習得した正しい国語以外の便利な国語が、共通語として幅を利かしてゐるのである。それは、教室で習得した正しい国語とは異なり、国語のアクセントや彼等に困難なる国語の中の特殊の音が、本島語のアクセントや彼等に困難なる特殊の国語音の音価に近似した本島語の音に取代へられ、語法も正しい語法ではないけれども、正しい国語に比べて頗る簡単であつて、彼等に便利な国語である。〔……〕児童の共通語となつてゐる国語は、教室で習得した国語と彼等が教室以外の家庭の人々や隣人の用ゐる国語との交錯の上に成立し、絶えず両者に影響さ

れてゐる。これを一種の学童用語と称ぶことができよう[41]。

これは具体的には当時一般的に、とりわけ学校の教師から指摘されていた、主として台湾語の影響だろうが、ダ行音をラ行音やナ行音で代替すること、あるいは、後ろから二番目の音節だけが高くなる一型アクセントに収斂していく、ということを指している。

一般的に、というのは、たとえば別の人物が「ダ行とラ行との発音の区別がしっかり出来ないということももう世間の常識になつている」と述べているところからもわかる[42]。また、ある公学校で教師が「どろどろしたどろみちに、よひどれがころんでどろだらけになつた」と生徒に発音させたところ、誰もできず（ろろろろしたろろみちに……、となる）、教師が「日本人に生れて日本語が正しく言へない人は外国へ行け」と怒り、悲しい思いをしたという「本島人」の生徒の作文や、「どろだらけ……」を下校時に練習しながら歩いていたら溝に落ちて本当に泥だらけになったというオチのついた作文も紹介されているほどである[43]。また、一九四四年に台北帝国大学農学部の学生となった佳山《かやま》良正（のちに名古屋大学教授）が、台北駅で人力車夫の話す日本語をはじめて聞いたときの印象は、回想に記したところによれば、「日本語は達者であるが、なんだか、やたらにラリルレロが多いように思った」というものであった。ごく普通の感想としてあったのだろう[44]。

こうした台湾人の話す日本語の特徴を分析した寺川喜四男『東亜日本語論――発音の研究』（第一出版）が敗戦直前の一九四五年に刊行される。そこで指摘された特徴が、いま現在日本語を学ぶ台湾人にもみられることを指摘した研究もある[45]。むろん、寺川を参照せずとも、台湾人日本語学習者の特徴として/d.n.r/が混同されているとの指摘は早くは一九七四年からなされている。[46] このようにしてみると、植民地時代の観察は妥当なもののように思われる。とはいえ、こうした「ダ行とラ行」の混同は、「体」を「かだら」と発音する近畿地方（兵庫県、和歌山県）の一部の方言にみられるように、日本語内部でも生じるものでもあった。[47]

また、先にふれた斎藤義七郎は、一九四三年の文章で、「訛音」の傾向を以下の諸点に分類している。①r↕d ②d↕n ③n↕r ④s↕ʃ ⑤b↕m ⑥j↕z ⑦促音化 ⑧直音化 ⑨長母音の短母音化 ⑩濁音の清音化 ⑪h音の脱落（語頭h音の微弱化） ⑫シュー↓スィウ ⑬わたり音。[48]

これらは、斎藤自身の観察のほかに、木村万寿夫（台中師範学校）「公学校児童の発音転訛例とその矯正法」（『台湾教育』四二二号、一九三七年九月）、吉原保（台中師範学校）「本島訛音の国語音韻史的考察」（『台湾教育』四五六号、一九四〇年七月）、松末三男（台南師範学校）「国語訛音の一調査」（『台湾教育』四八〇号、一九四二年七月）における報告をまとめたものであった。こうした形で、台湾人生徒たちの話すことばの観察が、ある程度なされていたことがわかる。

こうした報告は、それほど大量ではないものの、自らの教え子の話す日本語の「転訛」「訛音」を観察した結果を記録し「矯正」に役立てようという意図から書かれたものであるから、こうした記録が恣意的なものとなっている可能性は少ない。松末三男などは、「民族を、言語を異にする本島人への国語教育が、いかに制約され、いかに困難を極めるものであるかといふ事に関しては、〔……〕切実に痛感させられて来た。時にはそれが殆ど絶望に近いとまで思ふ事さへあるほど、現状は依然として混乱を極めてゐると言ひ得よう(49)」と素直に「混乱」を認めている。

のちにふれるが、木村万寿夫も吉原保も、敗戦後日本に戻り、国語教育を続けている。松末三男（一九一二年、兵庫県加西市生まれ）は、広島文理科大学（現広島大学）で国語・国文学を専攻後、一九三八年に台南師範学校教諭となり、一九四三年に大阪第二師範学校教授となる。敗戦後は大阪学芸大学助教授になるがわずか一年で辞職し、豊中市立中央公民館主事となり、以後公民館振興に携わっている(50)。

松末の経歴は異色だが、児童生徒学生の話すことばの観察は、敗戦後も日本で国語教師を続ける際に有効に作用したと考えられる。そしてまた、敗戦後にあってはこうした差異を強調するよりも、台湾でいかにすばらしい教育をしてきたのか、という形でふりかえることになっていくのである（後述）。

少し話がずれたが、このような「学童用語の国語」に対して、福田は「彼等に便利な国語」という判断を下している。

もうひとつの日本語――「破格の国語」

こうしたものに対するもうひとつの姿が、「学童用語の国語」と比べてアクセントや発音面で差はないものの、「語彙は頗る貧弱で、語法は極めて単純」である、「生計のために内地人と接触する、学校教育を受けたことのない本島人の下層階級を中心にして発生した国語」であると福田はいう。「実用に必要な名詞の単語と実用に必要な動詞の一つの語形である終止形と疑問を現はす助詞で、大抵の場合実用に間に合はせる。したがつて、正しい国語の崩壊といふよりも、破格であり、変形であり、簡易化である」とみなす。そしてさらに、「東亜共栄圏に於いても、これに類する国語の通行は必然的であらう。ある程度の破格の国語を認めることが、却つて東亜共栄圏に於ける日本語の普及進出に役立つであらう」と、福田は「破格の国語」にも好意的である[51]。台湾の国語問題が「東亜共栄圏」「南方共栄圏」との連関で語られるという構図である。

福田は、こうした「破格の国語」が形成されたのは、「内地人」の側がこちらの方がかえって便利だから使いつづけたこと、さらに「内地の各地の方言交りの蕪雑にして粗悪な、およそ敬譲語などは超越したやうな国語で本島人に接した」からだという[52]。

こうした「破格の国語」、そしてそれが便利だから「内地人」が使っていたという例として、福田の論文からではないが、川見駒太郎が掲げるものをみてみよう。これは「内地人中流家庭の夫人と、本島人野菜行商人との会話」である。


「リーヤ（汝）、チレ（此）幾ラアルカ」

「チレ。一斤十五銭アル」

「タカイタカイアルネ、マケルアルヨロシイネ」

「タカイナイヨ、オッサン（奥さん）ロコモ（何処も）十五銭アルヨ、アナタ、ワタシ、ホーユウー（朋友）アル、ヤスイアルヨ」

「ウソ言ヒナサイ。ドコノ野菜屋モ十二銭アルヨ、リーノモウ買ハンヨ。外ノ買フカライランヨ」

「ホー、ホー、ヨロシ、ヨロシ、オッサン、マケルアルヨ。イクラ買フアルカ」

これで値切ることができるのならば、「内地人」とてこうした変種を使うだろう。もちろん川見は「極端な例を挙げてみたのであるから、すべてがかういふ会話をしてゐるとは言へないが、一般にかうした傾向の会話が出来上つてゐるのである」としている。[53] 観察からつくりあげた文例ともいえるのだが、福田のいう「破格の国語」の雰囲気はこういったものであろう。

なお、近年になって、この川見の事例をふくめたいくつかの事例を挙げて、国語学者の金水《きんすい》敏は「大陸や台湾などで暮らす日本人系住民と、中国人系その他の住民がコミュニケーションを交わす際、ピジン日本語が使われていたことが明らかになった。またその際の文法的特徴は、アル型であることも分かった」とし、こうした「アル型」は明治初期の横浜でNankinized-Nipponと称された中国人の話す日本語の特徴と符号するという。[54] ここでいう「ピジン日本語」とは、異言語との接触のなかで変化した日本語、ととらえておけばよいだろう。

そしてまた言語学者・桜井隆は、川見のこの例を引用し、標準的な日本語文法から「逸脱」した傾向として、①助詞の省略 ②「アル」の特殊な用法（断定、文末表現）③活用の消滅 ④重語の使用（「タカイ　タカイ」）⑤敬語表現の消滅　などを指摘している。[55]

ともあれ福田は、こういう状況のなかで「本島人は、このやうな国語を素材として、間に合せの国語を作り上げたのである。変形された、簡易化された、破格の国語を作り上げつつ、一方では習得したのである。かうした間に合せの破格の国語と先に述べた学童用語とが交錯して、本島人の用ゐる国語は形成されつゝあるやうに思はれる」と台湾人側が積極的に作り上げたという側面を強調する。(56)

さらに、こうした「本島人の用ゐる国語」と「標準語的な国語」、「内地の方言」、「台湾に於ける内地人の言葉」との「相異が助長されゝば、支那人と英国人との間に発生した支那英語（Pidgin-English）のやうに、それ自身一つのまとまった言語体系を有する国語の変種を形成するであらう」と推測する。(57)

しかし、「正しい国語」という考え方からすれば、こうした日本語は「誤謬」として切り捨てられ、統一されたただひとつの「国語」へと収斂していくことが理想とされ、そのための方策（国語政策）が論じられる以外ない。実際に福田も、これでは国語の分裂であるから、最後は無難に、「支那事変以来国語の普及・改善が著しく、教養ある本島人の青年子女の増加に伴ひ、正しい国語の勢力が、学童語と間に合せの国語との上に形成されつゝあつた従来の本島人間の国語の勢力を漸次蚕食しつゝあるやうに思はれる」とこの文章を締めくくっている。(58)

この無難な結論が導かれたのは、「台湾に於ける国語の二つの姿」が掲載された『国語の台湾』の理念、「本島人はもとより、こゝに住む内地人もすべて醇美なる国語を使用しなければならない」（川見駒太郎「巻頭言」）というものと同調したためであろう。

福田のこの文章は、「会話一元」を声高に主張する教員の観察よりも、台湾での日本語の姿の描写として貴重である。また、「破格の国語」も「東亜共栄圏」での普及に有効である、とか、ピジン日本語（「それ自身一つのまとまった言語体系を有する国語の変種」）が形成される可能性を指摘している点なども注目に値する。「正しい国語」との対比がなされてはいるものの、こうした傾向を「誤謬」とか「矯正」の対象などとみなさない立場に留意したい。

ひとつの日本語への志向

「誤謬」や「矯正」の対象とみなさないとはしていたが、(3)「大東亜及び南方共栄圏日本語問題雑考」の文章でみるかぎり、福田は「日本語を習得することが、いかに彼等を向上させ、彼等の生活を幸福にするか」という立場から、「純粋な日本語、正しい美しい日本語を普及させるべきである。外国人向きの日本語とか、大東亜共栄圏向きの日本語とか、南方共栄圏向きの日本語とか、殊更、われわれの国語である日本語と相異する日本語が存在するといふ事は、考へられないのである[59]」とも述べている。

こうした建前の議論をしつつも、最終的には「理想としては、どこどこまでも正しい美しい日本語の普及を期すべきであるが、急速な日本語の進出普及の過渡期の現象としては、何も憂へる程の事ではない。二つの異なつた言語が接触すれば、どうしても乱れ勝ちである。角を矯めて牛を殺す勿れ、言語政策は偏狭であつてはならぬ。また焦つてはならぬ」としたうえで、こうまとめている。

台湾に於ける高砂族の母語はインドネシヤ語族に属し、本島人の母語は支那語族に属してゐる。大東亜共栄圏、殊に南方共栄圏の住民の母語は、その殆どがインドネシヤ語族に属するか、支那語族に属するかそのいづれかである。台湾は、本島人及び高砂族に対し、五十年の国語教育の貴重なる経験を有してゐる。また母語を異にする者に対する国語教授の体験者が多い。したがつて、内地の国民学校の先生よりも台湾の先生の方が、南方共栄圏に於ける日本語の先生として、少なくとも三つの勝れた資質を備へてゐることになる。この長所を生かすことが大切である[60]。

日本語普及の実行者を日本語母語話者に限定しないという観点は日本語の特権的教授者の地位を相対化するものでもある。福田の本心はわかりにくくはあるが、理想を語りつつも現実をそれとして認めねばならない、という傾向をみることは可能であろう。

その点は、「人為的な日本語の簡易化は、理由の如何を問はず排すべきである」と主張する一方、自然にそうなっていってしまうのはやむを得ないとも述べていることからもわかる。つまり、「ピヂン・イングリッシュ（Pidgin-English）は、言語を異にする二民族の接触によつて生じた、已むを得ない現象である。然るに、このピヂン・イングリッシュに類する変種の日本語を、わざわざ人工的に作らうとする事は、まことに愚かな次第である[61]」。これは直接には一九三〇年代以降唱えられつづけてきていた基礎日本語論[62]などへの批判であるが、逆にいえば、自然発生的に生じるピジンについては、やむを得ないものとして認める、ということでもある。台湾で話される日本語への、福田の視線のあり方が確認できる。

4　「台湾方言」と内地日本語との接続

アクセント型による接続――寺川喜四男の議論

積極的に「台湾方言」として認定しようとした人物のひとりに、寺川喜四男（一九一〇～一九八七年）がいる。

寺川の略歴は次の通り。早稲田大学の英文学専攻卒業後、早稲田大学文学部文学科国文学専攻に再入学。在学中の一九三七年末、台湾の台北第三高等女学校の英語教員となり台湾に渡る。そこで台湾人の話す日本語のアクセントに注目し、早稲田大学の卒業論文『北部台湾に於て福建系本島人の使用する国語のアクセント研究』（一九三九年）を仕上げる。卒業論文の題目からもわかるが、台湾人（卒論では北部の福建系の人たちのみ対象）の話す「国語」のアクセント研究である。研究対象を広東系などに広げ、さらなる調査のために台北帝国大学大学院に入学し、一九四〇年度・一九四一年度と台北帝国大学文政学部大学院に「国語学及言語学研究」の題目のもと、文政学部言語学担当教授浅井恵倫《えりん》（一八九四～一九六九年）を指導教官として在籍。『台湾に於ける国語音韻論』（台湾学芸社、一九四二年）、『大東亜諸言語と日本語』（大雅堂、一九四五年）、『東亜日本語論――発音の研究』（第一出版、一九四五年）で研究成果を公表。大東亜省調査官を経て、敗戦。文部省科学教育局科学官、駒沢大学文学部教授、法政大学教授、国士舘大学副学長などを歴任し、独協大学教養部教授。敗戦後は日本音声学会の評議員や理事を務め音声学関連の著作もある一方で、ソビエト連邦やヨーロッパでの日本学・日本語教育の現状を調査して書いた著書も多い。

言語識別の便・不便――『台湾に於ける国語音韻論』

さて、一九四二年の『台湾に於ける国語音韻論』において、寺川は台湾人（原住民を除外して観察していた）の話す日本語について、「国語に於ける台湾方言」という表現はあるものの、大半は一貫して「台湾本島人の発音する国語」「台湾本島人の国語」といった表現をとっている。

この本では「言語識別」の便・不便、労の多少について筆が費やされている。その際の分析概念は音量・音質・アクセントの三要素である。音量とは音の長さであり、音質とは音（子音や母音）の性質のことであるが、これらと「言語識別」の便・不便については、たとえばコドモとコロモの発音の混同を例に説明している。先にも指摘したように、かれらの母語である福建語や広東語では[d]の発音がないことから、それに近い[l]で代替しようとする。したがって「子供」はコロモ（衣）に近く発音される。つまりこのふたつの語の音質（音）が近似することになる。したがって、この二語は「台湾本島人の国語」では、音量・音質・アクセントの三要素が同一でありながら異なる意味の単語になり、「言語識別」に際しては前後の文脈などに依存するほかなくなる。この点、コドモとコロモを子音の音質で区別ができる「内地人」の「国語」と比較すると「台湾方言は言葉の識別上労の多い不便な言語であるといはねばならない」のであった(63)。

この三つの要素のうちふたつが同じ条件であっても、残りひとつを調節することで「言語識別」ができるというのが、寺川の主張である。そうした観点から「台湾本島人の国語」や「近畿方言」、朝鮮語、中国語などの状況を概観し、「音量・音質・アクセント」それぞれの「標準化」が必要だと唱えることになる(64)。

またこの本では「台湾本島人の国語」のアクセントを「台湾アクセント」と称し、それに一定の法則があることを実証している。寺川は「単一型アクセント」としてとらえている。これは同音節の語にはひとつのアクセント型しかないことを意味する（方言学では「一型アクセント」と称する）のだが、寺川は種々の但し書きをつけながら、「台湾アクセントは、原則として、単語の終から数へて二番目の音節を一個だけ卓立させるのである」とする(65)。つまり、牡蠣・柿・垣も、橋・端・箸も、鼻・花・最初（はな）も、それぞれに第一音節が高くなり、アッサ（暑・厚・熱）は第二音節が高くなるということである。この点についての寺川の評価は以下の通り。

〔……〕最早現在では内地各地の地方別アクセントの場合と同様、台湾独特の国語に於ける「台湾アクセント」や朝鮮独特の国語に於ける「朝鮮アクセント」といふものが出来あがり、如何なる語彙にも「何々型」といふ音調形式が固定してしまつて、これが彼等に慣用され、伝統的に後人にも真似させようとしてゐる有様である。〔……〕標準語のアクセントと異つたアクセントが、それだけ殖《ふ》えたことゝなるのである。国語に於ける台湾方言・朝鮮方言に固定するアクセントを破壊して、東京アクセントと同一のものにすることの容易でないこと、内地各地の場合と同じである。切

に教育者諸氏の反省を望んでやまない次第である。(66)

国語教育におけるアクセント教育の不備、ひいては標準アクセントが設定されていないことが原因であることをほのめかしてはいるものの、もうひとつ別のアクセント体系が生じた、ととらえているところに注目したい。けっしてそれを「誤謬」としていないその態度にも注目すべきであろう。

日本語の台湾方言──『大東亜諸言語と日本語』

さて、寺川の一九四三年以降公表の文章になると、先のような「台湾本島人の発音する国語」というような表現はなくなり、「台湾に於ける日本語方言」「日本語に於ける台湾方言」、つまり「台湾方言」という名称が多用されるようになる。

たとえば、一九四五年刊行の『大東亜諸言語と日本語』においては、国語教育での発音教育がルーズであって「日本人教師には、地方出身者が多く、夫々お国訛りを深く矯正することもなく、教授に当る場合が普通であつて、拠るべき「正しい発音」も明確には示されなかつた」ので、「台湾方言・朝鮮方言などが出来上り」、それが「慣用的に固定してしまつて、日本語方言としての一つの伝統を形成してゐるのである」(67)ととらえている。しかも音質・音量・アクセントの面にわたって「方言化」がなされている、としている。つまり、前述の「子供」を「コロモ」と発音することも「台湾方言」として認定しているのである。

そういう目でみてみると、一九四二年の『台湾に於ける国語音韻論』にあった、「言語識別上労の多い不便な言語」といった表現は、一九四三年以降はなくなっている。「子供」も「衣」も「コロモ」と発音していても、結果的に文脈依存であっても識別ができていれば、ひとつの「方言」体系として立派に通用する、ということであろう。「誤謬」とみなさずに「方言」とみなす。そして「方言」だからといって、この当時「内地」でなされていたような「矯正」をおこなえということも寺川は主張していない。

そこにあるものを観察すると一定の法則が得られる、というあくまでも「科学的」な態度をとっていたといえる。

このように、寺川は、台湾人の日本語発音・アクセントを詳細に分析し、既述のような特徴があることを指摘している。台湾人の話す日本語の単一型アクセントが日本語の方言（宮城県や宮崎県などでみられるもの）にもあることでもって、「国語の台湾方言」という表現をするようになった。日本語の方言にもあるアクセント型をもつ、という点で、台湾人の話す日本語も、「台湾方言」になるのだ、というやや論拠の薄い形で、「かれらの日本語」を包摂しようとしたのである。(68)

また、台湾人の用いる日本語で、場所や方向を示す助詞を、「に」ではなく「へ」が多用されることに違和感を示す台北帝国大学（解剖学）の金関《かなせき》丈夫（一八九七〜一九八三年）は、その「へ」が九州地方で多く用いられていることに気づき（連歌師宗祇談とされる有名な「京ニ、筑紫へ、坂東サ」）、台湾人の用いる日本語の、「行かんの？」「せんの？」「行くね？」「そうね？」などとともに、「畢竟これを九州方言の分派と考へることによつて解釈が出来るのではあるまいか」としている。(69)

「台湾方言」という表現はしなかったが、台中師範学校勤務の吉原保は、一九四〇年の文章で以下のように述べている。「本島人が国語を学ぶ場合に如何なる訛音を生ずるかに就いては、已に先人の研究に明らかであ」るとしながら、「かゝる訛音の数々は実に排すべきものではあるが、その中の若干は現に内地人の或る地方に於て意識的、無意識的に発音してゐるものであり、現在の発音にないとしても、遠く過去に遡れば正しい発音として何人も疑はなかつた時代も想像されるのである」という。この文章は、台中師範学校普通科に入学した「本島人」の発音のなかからいくつかの「訛音」をとりだして、その歴史的由来の考察をおこなう、というユニークな視点に立っている。[70]具体的には「貯金を」が「チョキンノ」と発音される「訛音」が、いわゆるわたり音・連声《れんじょう》の現象であることを指摘し、それが「内地」で「観音様」が「カンオンサマ」ではなく「カンノンサマ」と発音されているのと同じ現象であり、「九州地方では、助詞「を」「は」に続く場合にも、「郵便な来た」「本の読む」とのやうに発音されて居」ることを指摘している。[71]さらに、室町期の謡曲の例や『日葡辞書』の例などをあげ、

畢竟、わが室町期庶民の口頭に飜転した標準的連声音が四百年の後、南島台湾の地に、地所を異にして現れたものとみてよろしいわけである。[72]

と、かなりロマンティックな書きようをする。また、「先生」を「シェンシェイ」という「訛音」で発音する事例についても、室町時代には「せ」は「シェ」の発音が一般的であったと指摘し、九州方言もそうであり、なおかつ台湾在住の内地人には九州出身者が比較的多い点を指摘したうえで、こうまとめていく。

所謂本島訛音も之を過去の国語音韻の歴史に按ずれば、全く他人事ではなかつたのである。のみならず、今尚、九州その他西国の地方に現実の言語音としての生命を有つて居り、今後も有ち続けるであらうと想はれる。それは、本島国語教育の枢機に立つ公学校教育者に西国出身者の絶対多数であることを想ふ時、是等の考察は更に新しい考究の対象として取り上げられて然るべきであらうと考へる。(73)

要するに台湾の日本語で発生した音韻変化は日本語の歴史のなかでかつてあったものだ、としてその変化に歴史的必然性を読みとっていくのである。四百年という時差を保存したまま存在している、という語り方は、「方言」の語り方と相似するのではあるが、こうした立論は超歴史的でもある。しかしながら、「新しい考究の対象」であっても、「訛音」は「訛音」である、という立場は変わらないようである。同様に、台中師範学校で教鞭をとっていた木村万寿夫も、公学校児童の発音の「転訛」例をあげるなかでこのわたり音をとりあげ、このわたりの現象は室町時代には盛んに行はれ、謡曲などにもそれが多くあらはれてゐる。九州方言にはそれが今尚残されてゐて、助詞「ヲ」「ハ」が「ノ」「ナ」に発音される。〔……〕然し現在では東京語を始め大部分の地方がこの言ひ方をしないのであるから、矯正しなければならぬのは勿論である。(74)

と、吉原のように感慨にふけることなく、「矯正」を主張する。

その点、「台湾方言」を設定した寺川喜四男は、さらに進んで、「共栄圏日本語」という概念まで設定した。それは、以下のようなものである。

〔大東亜全域の〕原住同胞を、肇国精神の下に汎く一致団結せしめ、真実の目的のために蹶起せしめるには、何を措いても、これ等原住同胞と日本人との間に、深い理解と信頼とを根柢とする強固な連繫を保持して行かなければならない。『共栄圏日本語』は、かうした使命を果すべき最良の武器である。『共栄圏日本語』は、大東亜の共通語として発足せねばならない。(75)

とはいえ、これはある種の建前的、理念的議論であって、実際に寺川は、「一口に日本語といふけれども、我が内地同胞の発音は、周知の如く決して一様ではない。それどころか、驚くべき多様さを持つてゐるのである。日本語の正しさ・美しさの標準を、何処に求むべきか。(76)」という「標準」の無さを率直に語るほかなかったのである。したがって、寺川にとって現実に想定しうる「共栄圏日本語」とは以下のようなものにならざるを得ないのであった。

南方各地への日本語進出に伴つて、夫々の土地には早くも原住民風の日本語発音が一種の方言として成長しつゝある。〔……〕これ等各地に行はれんとする日本語方言は、その具体的諸相に於ては各種各様であるが、その中に共通せる何ものかがあつて、これが各地方言を一括して『共栄圏日本語』を成立させる基底をなしてゐる。『共栄圏日本語』即ち二語併用地に行はれる日本語は、語彙・文法はいふも更なり、発音に関しても本来の我々の日本語とは異る多くの特徴を持つ。その中に行はれる原則を見出だすことが、日本語の南方普及対策に基礎的示唆を与へるであらうことは疑を容れない。(77)

実際に話されているものをそれとして認め、そこに共通の規則を見出そうとしている点は、「台湾方言」の場合と同様であって、「正しい日本語を普及せよ」という時局的「東亜共通語」論とは若干おもむきが異なる。とはいえ、こうした試みが結局は継続しなかったのは、時局の然らしむるところだったともいえる。そもそも、寺川がいう共通する原則が具体的に見出されたわけでもないのであるから。

とはいうものの、教育現場のなかで変容していった日本語や、教育現場とは関係のないところで生じた変種も、日本語の一種として認める視線があったことは強調しておきたい。寺川が「台湾方言」などと称した場合は、そのアクセントの特徴に「内地方言」と類似したものがあることを強調して、日本語とのつながりを示した。

しかしながら、話を「共栄圏日本語」にまで広げて、本来千差万別になるはずのそれぞれの地域で変容していく日本語に、寺川が「共通せる何もの」かを見出そうとしていたことには、さまざまな変容に対してどこかで統括をしていきたいという意欲を感じざるを得ない。また、派生的ではあるが、「台湾方言」などの「方言」という単語が帯びる「言語未満」というイメージは、「共栄圏日本語」と称することでとりあえず消えるという効果もあるだろう。

ただ、こうした相対的な視線を、あとづけ的に高く評価したいわけではない。どのような視線をとるにせよ、そこで日本語が話されている背景への省察がなければならないと考えるからである。

5 内地日本語から発生する「台湾方言」

さて、「台湾方言」には、もうひとつの意味があった。

植民地に出て行った日本人たちの方言はさまざまであった。西日本の方言の影響が強いという点はつとに指摘されているが、時が経つにつれて、それぞれの植民地ごとに一定の特徴があるあたらしい「方言」が形成されつつある、といった指摘もなされるようになった。

たとえば一九四一年に都留長彦（台北帝国大学学生主事補）は、次のように述べている。

台湾に於ける内地人層は、関西方面、九州方面の出身者によつて形成せられてゐる関係上、台湾に於ける国語は共通語としての東京語を母体として、その中に、関西系統の方言が、かなり、混用されてゐる。併しながら、満洲に於て、或は朝鮮に於て、その地方の方言が生まれつゝ、あるやうに、台湾には台湾としての方言が生まれてゐる。[78]

「台湾としての方言」という意識は、福田良輔の記述にもうかがえる。『国語の台湾』の第二号に掲載された福田良輔「台湾に於ける国語の一つの姿（下）」では、内地人のあいだで発生しつつある共通方言についての記述がなされている。出身地の方言ではなく、その上位方言（つまり、たとえば肥筑方言、薩隅方言などの上位にある九州方言）の要素に統合されつつあること、また、「台湾在住の内地人ことにその子弟は、敬語を知らないといつて難ずる人がある」が、それは「本島人の母語たる支那語系の本島語」からの影響ではなく、方言の共通化過程で排除されていったものだと推定する。[79]

さらに、国語教科書で学習する標準語型の「降らなかった」と、関西方言型の「降らなんだ」が融合した「降らんかった」という「新語法」が登場していることも指摘する。[80]

この点について真田信治は一九九〇年の著作で、関西地域において否定形の過去「ナンダ」が標準形式「ナカッタ」の干渉を受けて成立した「ンカッタ」という形式が広くあらわれていることを指摘し、「neo-dialect」の具体例としてあげている。[81] また、金沢裕之は、文献資料にあらわれる大阪の打消過去形を調査した結果、江戸後期から大正期にかけての大阪語における打消過去の表現形式は、専ら「ナンダ」がになっていたことは明らかである。ただ一部の資料にその片鱗が窺えるように、「ンカッタ」「ンダッタ」などの他の形式が部分的に使用されていた可能性は考えられる(82)。

としている。とすれば、福田の指摘は、関西地域で観察された方言の変化が台湾の日本語社会でも同様に観察されていた、という点で興味深い事例になる(83)。

こうした「方言」の発生について、川見駒太郎はより具体的に論じている。川見は一九三五年の「台湾の方言」の内容を発展させ、雑誌『日本語』に「台湾に於て使用される国語の複雑性――附、方言の発生」という文章を二回にわたって掲載した(二巻三号、一九四二年三月／二巻四号、一九四二年四月)。先に「破格の国語」の例でも示したが、これは「台湾に於ける国語の一大奇現象」であり、また台湾には日本各地の方言話者が集まってくるので、夫婦間や親子間でも「言語様相を異にする」ことも指摘している。つまり、「特に台湾に幼時から生活した者は、殆んど郷里の方言から解放されてゐる」というのである(84)。

そのうえで川見は、

方言の中でも比較的広範囲に行はれる語で、しかもその語を所有しない人々にも直ちに理解される語は、何時の間にか、他地方出身の人々や、本島人の間にも使用されるやうになつてゐるのである。即ち台湾としての共通方言が国語の中から醸成されつつ、あるのである。

という興味深い発言をする。諸方言から「台湾としての共通方言」が形成されつつあるのだ、というわけである。そこで中心となるのは川見によれば、台湾の「内地人」のうち「比較的多数を占める九州・中国あたりの人々の方言」である[85]。たとえば、一九三八年に台北市建成小学校を卒業した「内地人」児童三〇一名のうち、一二七名の本籍地が九州であるという報告もあり[86]、この九州方面出身者が多いという記述の裏づけにはなる。

こうしたうえで、川見は「台湾には比較的東北人も多いのであるが、東北地方の方言は殆んど耳にすることができない」という。それは「言葉に関する限り東北人は非常に謙遜である」が、「九州人は一向に自分の言葉に反省を加へない。自分の言葉が絶対に正しいものと信じてゐる」という「九州人の図々しさ」によるのだ、と静岡県出身の川見はやや苦々しく述べる[87]。

川見の気づいた、台湾における九州由来の「通用語」、つまり九州方言話者以外でも使っていることばがいくつか拾われているので、項目だけ掲げることにする（表記は現代かなづかいにした。〔　〕内は補足）。

うち／……ちょる、……よる／見れ・起きれの類／よっける／たう〔足がたう＝足がつく〕／欠ぐ〔濁音化〕／こわける〔こわれくだける〕／出んくなるの類／僕ぞの類〔僕だぞ、の意〕／行くねの類〔行くからね、の意〕／君の家へ来る〔行く、ではなく〕／きれく／きつい〔苦しい、の意〕／つおい

〔強い〕／一個もない〔少しも、の意。一個と一向とが混同〕[88]

やや煩瑣になったが、さらにここで注意したいのは、九州方言に規定されながらも、九州方言とはまた異なった形式が登場していることを川見が指摘していることである。さらに細かいが、次頁の表で引用したい。

つまり、「見る」に関していえば、九州方言と同様なものが台湾の「内地人」にも「通用語」として話されているのであるが（台湾人について川見はふれていない）、標準語では「見る」と同じ上一段活用の「起きる」が九州方言の「見る」の終止形以下の活用と同様になっている、それは下一段活用の「受ける」でも同様だ、というのである。この観察がどこまで事実に近いかは検証のしようがないが、それを川見が「台湾方言」としてとらえていることに注意したい。九州方言からの影響を受けつつもそれとは異なったものが存在し、それを「台湾方言」としていくのである。これが論文の副題「台湾方言の発生」である。

さらに連載二回目では、「台湾在住の内地人で、その八十パーセント位までは使用するか、使用しないまでも理解し得る台湾語で、国語中に混入してゐる語」を列記していく[90]。

なお、川見の子息は台湾生まれ（川見の妻は島根生まれ）であり、ここで列挙されたことばを話していたようである[91]。

また、先の福田良輔は以下のように指摘もしている。「綺麗といふ漢語が国語の形容詞的な内容を有つてゐるので、「きれいく」「きれいくない」といふやうに形容詞として活用させ、それが台湾の内

標準語・九州方言・台湾方言　動詞活用比較表(89)

語	方言別	未然形	連用形	終止形	連体形	仮定形	命令形
(見)	標準語	み	み	みる	みる	みれ	みよ(ろ)
	九州方言	みら	み	みる	みる	みれ	みれ
	台湾方言	みら	み	みる	みる	みれ	みれ
起	標準語	き	き	きる	きる	きれ	きよ(ろ)
	九州方言	き	き	くる	くる	くれ	き
	台湾方言	き	き	きる	きる	きれ	きれ
受	標準語	け	け	ける	ける	けれ	けよ(ろ)
	九州方言	け	け	くる	くる	くれ	け
	台湾方言	け	け	ける	ける	けれ	けれ

地人の児童にまでも誤用され、ひいては方言的な地位までも占めさうな形勢である」(92)というものである。つまりは、国語教育を受けた側が独自に変化させた、というわけである。また、別のところでも、同様の例を指摘し、こうした変化が「誤推に基づく自然な造語法」であって、「内地」での独自の変化の場合もあるが、「本島人の話す国語の中にのみ用ゐられてゐた正常でない語彙や語法が、台湾在住の内地人の国語の中に採入れられて、方言現象の形成を助長せしめてゐることは、見逃せない事実である」としている(93)。

右の川見の記述と、先に引用した都留長彦が「台湾には台湾としての方言がある」と述べていたのは、「内地人層」での共通言語の発生を示すものであり、台湾語からの語彙の混入も含むものであったようなのだが、福田の記述のように、「本島人」が独自に変化させたものからの影響も認められるようである。ちなみに、都留長彦は川見と同様に、こうした日本の標準語のなさから生じる「内地人層」におけるいわば接触方言を「台湾方言」と称しているのであるが、結論として以下のように述べている。

台湾に生活する我々の使用する国語は、やがて南方共栄圏に住む人々の共通語となるであろう。我々が正しい国語を使用することは、正しい日本語をそれ等の人々に共通語として与へることを意味する。か丶る意味から、台湾に於て国語の普及に努力してゐる我々は、出得る限り台湾方言の発生を防止せねばならない(94)。

それをそれとして認めることがそう簡単ではなかったことをうかがわせるものである。

なお、福田が指摘した、形容動詞的に活用させるものを形容詞的に活用させる「誤用」が日本においていわれるようになったのは近年のことである。これを「誤用」ではなく変化ととらえれば、数十年後にあらわになる変化を、台湾人の日本語話者たちは先取りしていたことになる。それが台湾の「内地人」にまでも影響をあたえていたということは、その変化がわかりやすく、使いやすいものであったからだろう。

また都留は、「台湾の子供は、よく「水がいつこも出んくなつた。」といふ。〔……〕また、台湾では「ヤメロ」とか「ヤメイ」とかいふべきを「ヤメレ」といふ。「セヨ」「セイ」といふべきを「セレ」といふ」という指摘もする(95)。「いっこも」という表現は現在関西地方では普通に耳にする(96)。

以上のように、地域差、年齢差、職業差、階層差などさまざまな要素を加味し、なおかつ内地諸方言の接触もあるなかで、独自の「台湾方言」(そこには台湾語の単語が入りこむ場合もあった)が発生しつつあった。そして、教科書に載るような「国語」を教育され、日本人教師の話す日本語の方言と接触し、学校外ではその場しのぎに近いコミュニケーションの道具として、福田良輔に、いずれはピジン言語になるのでは、と思わせるような日本語使用もあったようである。

さまざまな言語接触の状況が、不十分とはいえ観察・記述の対象になっていったことは、非常に興味深い。ただし、それは単なる記述ではなく、「正しい国語」の普及・使用の前提として位置づけられていた。そうしたなかにあって、観察・記述の結果得られたものを、それとして受けとめるものもいたことは、銘記しておかねばならない。

くりかえしておこう。すべては逸脱であった。教師からして「正しい国語」から逸脱していた。内地諸方言から発生した「台湾方言」の影響下に台湾人の「学童用語の国語」が生じ、さらに両者からの影響で生じた「破格の国語」があった。この三者は相互に影響をあたえつつ、「誤謬」の圧力のもとで、全体として「台湾方言」が存在していた、という認識図が描ける。これを、通時的・共時的に「日本の方言」として包摂する言説もあったが、そう簡単にはまとめられない重層性があったことも事実であろう。そのなかでは、「かれらの日本語」として完全に他者化できない要素も存在していた。内地人の話す日本語も、「かれらの日本語」の構成要素に含まれていたのであるから。もちろん、この重層性に権力関係をみるのは自然なことであるが、この重層性には福田のいうピジンの発生可能性もあったのである。

6　原住民と国語

就学率と国語普及率

ここまでの事例は、いわゆる原住民の話す日本語をあつかったものではない。それでは、それはどのように描かれたのであろうか。

まずは、数値をみてみたい。

台湾教育史の北村嘉恵によれば、『台湾日日新報』一九二二年一〇月二一日付の記事に、一九二一年末の原住民就学率は六・四五％であり、それは漢民族の四・三四％を上回っている、というものがあるという。その後急速な就学率の上昇をみることになり、一九三五年末の統計では男女平均でも七三・五％に至る(97)。

原住民教育は国語教育に重点が置かれたといってよいので、就学率と国語理解率とはある程度連関しているのだろうが、それだけでは学校に通っていない層のことはわからない。台湾総督府警務局理蕃課のペンネーム三角生は一九二六年末の「蕃人国語普及」の状況について報告している。まずはこう述べている。

蕃童教育が進み教化事業が発達するに連れ、国語を解する蕃人の数が年々と増加する。国語の普及されることは即ち蕃人進化の反映で、別に不思議でもなければ奇でもないが、旅行して足一度蕃地に入れば、誰れも彼れも（お早よう、今日は）と片言交りに挨拶を浴びされる蕃人に直面した刹那、これが其の昔、人の首を狙ふた獰猛度し難いとされた蕃人であると想ふときは、全く今昔の感を深ふするであらう。忠君愛国の国民性を涵養するには国語の普及に俟つものが多い。最近当局の調査したる処に依れば、蕃人中国語を解する者が四万六千三百五十八人で、百人中三十三人強の割合となる。(98)

国語普及が進化の証であり、それによって「獰猛」であった「蕃人」が「忠君愛国の国民性を涵養」されるのだ、という認識である。一九三〇年に「蕃人」の蜂起である霧社事件が起きることは、この時点では想像もつかない事態であっただろう。ともあれ、こう述べたあとで、一九二六年末の各地域ごと（州・庁）そして民族ごとの国語普及状況が表として示される（次頁）(99)。「上中下」の区分がどのようになされているのか不明であるが、「（お早よう、今日は）と片言交りに挨拶を浴びされる蕃人」といった表現からすれば、少しでも知っていれば「下」の区分に入れられたのかもしれない。そうした操作性が共通しているとはいいきれないものの、第二章で引用した『台湾の社会教育』の表（二八―二九頁）のなかで、一九二六年末の「国語解者百分比」は三二・三％である。この人口は原住民も含むものなので比較はあまり意味をなさない。そのうえ、総人口の約三％を占めるにすぎない原住民の普及率と漢族のそれとを直接比較することもあまり意味がないのだが、先に

各州庁別蕃人国語普及状況（1926年）

州庁	普及人員				総人口	百人中の普及者	大正十四年末に於ける百人中の普及者
	上	中	下	計			
台北	208	789	1,392	2,389	5,507	43.38	36.72
新竹	216	661	2,108	2,985	12,679	23.54	19.75
台中	272	1,322	2,231	3,825	16,497	23.13	20.56
台南	60	92	159	311	1,428	21.79	18.68
高雄	246	2,149	4,156	6,551	29,473	22.23	19.25
台東	783	5,584	11,252	17,619	39,917	44.14	34.48
花蓮港	1,334	3,990	7,354	12,678	33,126	38.28	33.7
計	3,119	14,587	28,652	46,358	138,627	33.44	27.84

各種族別蕃人国語普及状況（1926年）

種族	普及人員				総人口	百人中の普及者	大正十四年末に於ける百人中の普及者
	上	中	下	計			
タイヤル	802	3,224	6,717	10,743	32,761	32.79	27.16
サイセット	68	174	79	321	1,251	25.65	25.61
ブヌン	290	738	1,988	3,016	18,394	16.34	12.66
ツオウ	101	318	304	623	2,089	29.82	27.29
パイワン	665	2,891	6,368	10,924	41,899	26.09	23.46
アミ	1,193	6,368	13,196	20,716	40,618	51.00	41.11
ヤミ	--	15	--	15	1,615	0.93	0.94
計	3,119	14,587	28,652	46,358	138,627	33.44	27.84

示した新聞記事のように、原住民への教育普及ひいては国語普及に力が注がれていたことはわかる。

一九四一年末の国語普及率も残されている[100]。

一九二六年の統計と比べると、アミ族などが抜けているので単純な比較はできないものの、「国語ヲ解スル者」が着実に増加していることがわかる。もちろん、「簡単なる日常の用務」というものがどの程度のものなのかは、おそらく場面場面によって異なってくるのだろうが[101]、この表などを紹介した近藤正己は「先住民への「国語」普及の対象は、各世代にまたがるというよりは、若い世代を中心として、激しく行われたに相違

国語普及歩合（種族別）（1941年）

種族	性別	国語ヲ解スル者	人口	人口ニ対スル百分比
タイヤル	男	10,684	19,066	56.04
	女	9,501	19,294	49.24
	計	20,185	38,360	52.62
サイセット	男	500	879	56.88
	女	354	879	40.27
	計	854	1,758	48.58
ブヌン	男	4,335	8,921	48.59
	女	3,477	8,295	41.42
	計	7,812	17,316	45.87
ツオウ	男	624	1,272	49.04
	女	394	1,091	36.11
	計	1,018	2,363	42.08
パイワン	男	9,526	17,572	54.21
	女	6,769	17,310	39.60
	計	16,295	34,882	46.57
ヤミ	男	118	909	12.98
	女	106	840	12.62
	計	224	1,749	12.81
計	男	25,787	48,619	53.04
	女	20,601	47,709	43.09
	計	46,388	96,428	48.11

備考：本表はアミ族及普通行政区域に本居を有するパイワン族を除く国語を解する者の標準は簡単なる日常の用務を弁し得る程度とす〔引用者注：合計数が間違っているところもあるが、原文のママとした〕

ない」と推測している。

教員のことば

そうしたなかでなされる、原住民に国語を教える蕃童教育所の教員の話すことばについての要求は、当然ながら公学校の教員の場合と同様である。

たとえば、台東庁警務課勤務の人物は、

　一体、教育所教育に於て、その根幹をなすものは国語教育である。国語を正確に話したり、聴いたり又読んだり書いたりすることに依つて、国民的情操は陶治せられる。実に国語教育は国民精神涵養の鍵関である。この意味に於て、教育担任者の話方、読方、発音は特に明瞭且正確でなければならぬ。担任者の話方読方発音が不明瞭であったり。不正確であったりせんか、さらでだに誤り易き教育所児童の発音、話方は、益々歪められた不健全なものとなるであらう。歪曲せられた国語教育で、健全な国民教育は出来ない。この意味に於て私は提言する。甚しいズウ〳〵弁の人や、発音な不明瞭な人を、教育担任者に選任することは、仮令その人が他のすべての点について優秀な人物であらうとも遠慮したい。(103)

と述べる。正確には希望であり、具体的な事例とはいえないが、こうした要望が出ていたということは、それ相応の問題があったということであろう。

また、もちろん、総督府はそれでよいなどと思っていたわけではなく、少し時期が前後するが、たとえば北村嘉恵によれば、一九一六年に編纂した『蕃人読本』の編纂趣意書では「とくに教員の言語・発音に注意を求め、「一々読本所用ノ標準語ニ習熟シテ自己ノ訛音・方言ヲ矯正センコトニ努メ、片言双語ト雖モ決シテ苟モセザランコトヲ要ス」と述べている」という。(104)

教員としての巡査

すでにふれたが、台東や花蓮港庁の普通行政区を中心として原住民対象の「蕃人」公学校が設置され、山地の特別行政区には「蕃童教育所」が設置されていた。「警察官吏駐在所、また派出所におかれた教育所では、授業料は徴収せず、教育費は国費でまかなわれ、教師には巡査が任じられたほか、巡査の妻女も嘱託として家事裁縫などの教科を担当していた」という。このように「蕃童教育所の教員が巡査であったことについては、日本植民地史研究では比較的よく知られて」いる、特徴的な点なのであるが(106)、本書の関心からすると、前節まででみてきたような、児童たちがどのような「国語」を話しているのかを教員側が具体的に指摘しているような資料を見出すことは難しい。

北村の調査によれば、一九三二年時点の蕃童教育所の教育担任者、教育担任補助者のうち、教育担任補助者は四割弱が小学校卒業程度の女性、二割強が蕃童教育所卒業程度の男性（したがって原住民）であり、教育担任者は、約四分の一が有資格者であったという。これは一九二〇年代後半から比べると急増といってもよい増加であったというが(107)、「巡査」であることと、児童たちの「国語」に関する記述の少なさとは関連があるかもしれない。もちろん、絶対数の少なさも考慮に入れるべきだろう。

記述される原住民の母語

一方で、日本人警察官の原住民語習得のために、かれらの母語の初歩的な教科書が編纂された。こうした対訳本、あるいは教科書を分析した三尾裕子によれば次のようなものであった。

> 明治期については、原住民語についての情報も乏しく、また原住民と日本人との間にどのような関係が築かれ、どのような会話が行われるのかということの想像がまだつきにくかったために、日常的な語彙と簡単な短い例文の蒐集に終始していたが、大正期に入ると〔……〕民族の違いを超えた統一のフォーマットの教科書を作り、その中で警察官と原住民との具体的な接触場面がイメージさ

れた例文を並べた。それらの例文は、非常にプラクティカルなものであった。ただ、明らかなのは、原住民を圧倒的劣位と看做し、犬のたとえが示すような絶対的な服従を強いられることによってのみ恩典が与えられるとする視線があったことである(108)。

こうした視線とは別に、学術的に日本人学者たちの研究対象にもなった。一九三五年に『原語による台湾高砂族伝説集』が刀江書房から刊行された。これは台湾総督の上山《かみやま》満之進が退任にあたって相当額の金額を寄付したことによってなされた調査の結果である。当時の台北帝国大学文政学部言語学研究室の小川尚義(一八六九〜一九四七年)と浅井恵倫が調査したものである(調査時は一九二七年から一九三二年と長期にわたるが、一九三一、三二年に集中している)。ともに東京帝国大学言語学科を卒業している。

小川の経歴・研究業績については、教え子で文化人類学者の馬淵東一(一九〇九〜一九八八年)の小川追悼文によれば、一八九六年に卒業した小川が台湾に赴任したのは「一つには恩師上田万年博士の御すゝめによるものであるが、一方では大陸に他方では南洋に関連をもつ台湾諸言語についてその研究の重要性に早くから着眼されてゐたためでもある。そこで大学卒業の頃、上田博士から台湾教育界の大先輩伊沢修二氏に紹介され、台湾赴任のことが決定された」という(109)。初代学務部長となる伊沢が上京中に、台湾人に日本語を教える人材、教科書や辞書の編纂のできる人材を上田を通じて探していたという。時は日本人教師が殺害された芝山巌事件の直後。周囲の反対をおしきり、卒業後ほどなく小川は台湾にわたる。台湾語の研究をおこない、台湾総督府から『日台大辞典』(一九〇七年)、

『台日大辞典』（一九三一年、三二年）を刊行している。「台湾諸言語」の研究も進め、『パイワン語集』（一九三〇年）なども著している。

この『原語による台湾高砂族伝説集』は、アタヤル語（タイヤル語）・サイシャット語・パイワン語・プユマ語・ルカイ語・アミ語・セデック語・ブヌン語・ツオウ語・サアロア語・カナカナブ語・ヤミ語による伝説を計三八カ所で口承させて記録し、逐語訳が付された本文七八三頁、単語集五五頁にわたる大部のものである。それぞれの言語についての言語学的な解説もふくめて、水準の高い研究成果とされている。学術的な価値について云々する立場にはないのだが、インフォーマントに関する若干の情報が記載されていることに、ここでは注目したい。インフォーマントについて、伝承を語る「口授者」、それを説明（さまざまなレベルがある）する「説明者」に分類され、時として日本人巡査などが「補助者」として登場している(110)。

具体的にみていく余裕はないが、ほとんどの「口授者」は日本語がわからない。その場合は「説明者」として日本語がある程度わかる当該言語話者、あるいは当該言語のわかる日本人が間に立っている（「口授者兼説明者」のこともある）。前者は植民地支配のなかである程度の学校教育を受け、日本語の読み書きができている。その方が、調査側も安心だったのだろう。浅井の担当部分は、「説明者」（当該言語母語話者の場合）の日本語能力について補足がなされていることが多い。具体的なものではないのだが、「説明者の日本語は稍《やや》完全」「可なり進歩したる日本語の知識」「日本語は未だ完全ならず」「日本語は極めて正確」「日本語は不完全」などと示されている。

ここでは、具体的な記述がないことよりも、こうした学術調査の「説明者」としても堪えうるレベルの日本語能力をもつものが出てきていた、ということに注目しておきたい。

旅行者の目から

こうしたなかで、原住民の日本語についての記述は、訪問者たちの断片的な感想の域を出ないものに限られてくる。

台北帝国大学学生であった前出の佳山良正が「高砂族」の日本語は「漢族系本島人のラリルレロ的なまりがなく、よく澄んだ声であった」[111]と一九九五年に回想しているように、その「うまさ」が強調される傾向にある。それは無意識の蔑視の裏返しでもあるように思われるのだが、もう少しみていく。

第二章で若干ふれたが、一九三五年の施政四十年記念台湾博覧会を機に訪台した作家野上弥生子は、台湾総督府ナンバー2である総務長官平塚広義の夫人（野上の同級生）の案内で博覧会や台北市内を見学するのだが、それでは「東京と変わらない生活」であり「彼女が見せたいと思ふ出来あがつた台湾よりは、まだ出来あがらない台湾や、その途中にある台湾が見たかつた」ので、「全島一週《ママ》の旅に出たい」と要望する。そこで総督府理蕃課の許可を得て、野上は息子と、総督府文教局の若い役人と三人で二週間の島内一周の旅に出ることになった[112]。台北から汽車で東部の蘇澳、そこから自動車でタロコ渓谷の入口に向かい、さらに山道をタイヤル族のバタカン社まで三里歩いた。山道を歩いているときに「蕃人」に追い抜かれなどするのだが、そのときのかれらの話すことばの描写は、たとえば、すでに日が暮れていたため、

〔……〕火をもつてまつ先に進んでゐた若者は、そばに近づくと明晰な日本語で挨拶した。

『コンバンハ。』

〔……〕彼らは奥の蕃地への帰り途であつた。T氏〔文教局役人〕は、自分たちはバタカンへ行くところだから一緒に歩かうと云つた。

『バタカンデスカ。』

若い蕃人は同じ微笑で答へた。ね、どうぞ一緒に行って頂戴、暗くて困つてゐるのだから。私もさう云つて頼むと、またにつこりして、うなづいた。なんでもわかるのだ。(113)

会話が成立していないことが、とりあえずはわかる。夜九時にバタカンの宿泊所に無事に到着した一行だったが（「蕃人」たちはいつのまにか先に行ってしまっていた）、翌朝野上は、宿泊所の庭に「蕃人の子供たちが来てゐる」と知らされる。五人の少女のなかでも野上は「おかつぱの小さい娘の異常な美しさ」に打たれる。少し長いがその描写。

鳶《とび》いろのなにか刳《く》り抜いたやうな顔に、一双の輝くばかりの黒瞳がふかぶかと澄んで、高いまつ直ぐな鼻の下には、貝型の唇がほの紅く匂つてゐる。よけいな脂肪をもたないこの人種らしくほんのかすかに膨らんだ頬に、薄く果汁らしい汚れがにじんでゐるのも、きれいな弧線で枠のやうに円く瞼をとりまいた眉が、剃刀を知らない産毛でもぢやもぢやしてゐるのも、却つて親しく可憐に見えるほど端麗な容姿であつた。名前をきくと、イヤラハンと答へ、十二歳だと云つた。彼らに分けるために飴チョコを買つて来てくれた宿のをんなは、彼女は美しいばかりでなく、ひどく悧巧な少女で、教育所でも一番よく出来る生徒であるが、母親には早く別れ、そのうへ可哀さうなことに、父親までこの夏鹿狩に出てゐて絶壁から落ちて亡くなつたのだと話した。

『ぢやお家には誰がゐるの。』

私は彼女の方へ直接に話しかけた。

『兄サンガフタリヰマス。』

イヤラハンは答へた。おお、それならば兄さんたちがお父さんの代りに可愛がつてくれるだらうから、彼女はまだ十分仕合せな筈だと云ふ意味をのべると、イヤラハンは大きな黒瞳を瞬かせ、上唇だけで悲しげに微笑したが、その憂愁は魔女からわざとぼろを着せられてゐるお伽噺の王女めいて、高貴な顔を一さう美しくさせるのであつた。

私はまた兄弟の名前と年をたづねて見た。早口で、並べて答へられて、ちよつとわからなかつたから、手帖を出して書いてほしいと頼むと、イヤラハンは、糸で結びつけてある細い鉛筆を握つて片仮名で書いた[114]。


こちらの言っていることはわかるようだが、尋ねられたことだけに答える、という一方通行のコミュニケーションが描かれている。少女の美しさが中心に据えられた描写であるが、その日本語の特徴をとりだせるほどではない。むしろ、このイヤラハンがほかの四名の少女たちの名前と年齢も野上の手帖に記していることからみえてくるのは、女子の就学のばらつきであろうか。

またここからは、単なる旅行者である野上であっても、文化人類学者・山路勝彦が指摘するような、原住民を「無主の野蛮人」「子どものレトリック」でとらえようとする台湾総督府の官僚たち(115)とそう異なることのない視線を注いでいることをみてとることができるだろう。

登山との関連

台湾と登山
山岳地帯に多く居住する原住民と出会うのは、野上のような旅行者(もちろん、総督府理蕃課の許可が必要なのでそう簡単に行けるものではなかった)ばかりではなかった。本格的な登山をおこなう者は、原住民を案内人として雇用することもあるので、その関係は密なものになったと考えられる。
まず、台湾における登山の歴史だが、一九三四年に書かれた「台湾登山小史」は以下のように時期区分をしている(116)。

一、史前期及び初期探検時代
二、開拓探検時代〔一八九六～一九一三年〕
三、探検登山時代〔一九一三～一九二六年〕
四、近代登山時代〔一九二六～〕

「二」は、日本が台湾を植民地化した直後からの時期であり、「総督府が台湾始政以来営々として理蕃に力を尽し、之と共に山岳地方に於ける陸地測量並に自然科学的並に産業調査を冒険的に始めた事が主要な登山動機」[117]であった。台湾に近代的登山をもたらしたのが植民した側の日本人であったことはいうまでもないが、そこに理蕃（原住民管理）という要素があったことは重要である。「三」は台湾で登山会が設立された時期であり、「四」はそれがスポーツやレジャーとして大衆化し、台湾山岳会が結成された時期である[118]。一九三五年には内地の国立公園法をふまえた台湾国立公園法が施行され、一九三七年には大屯・次高タロコ・新高阿里山の三地域が国立公園となった。こうしたなか、登山と観光とレジャーとが結びついていくことになる[119]。

ここでとりあげるのは、地理学者の田中薫（一八九八〜一九八二年）である。田中は後述する三度の台湾登山のあと台湾山岳会に入会したが、会員番号は六八〇であったという。そして、「会員になると、鉄道の割引きの特典があるのは大きな魅力」だったそうであり、登山とツーリズムとの連絡をみることができる。また一九六三年時点ではあるが、田中が指摘する重要な点は、台湾山岳会の「最も目立つ特色は本島人（平地の漢民族）の会員数が非常に少ないことであつて、彼らは山とは全く無縁の人びとであると思われていた」という点である[120]。

「山遊び」というような余暇を楽しむ主体として台湾人が登場するようになるのはしばらくのちのことであって、本格的な登山というスポーツを楽しむのは主として日本人であった、ということであろう。もちろん、山岳地帯には原住民が住んでおり、入山は総督府理蕃課の許可が必要であり、そうたやすくはなかったこととも関連がある。そうしたところから、「台湾の山岳界は尖鋭な高山派と趣味の山歩き組との肌合いの違いから、自然に趣味登山会、万華登山会、台湾山岳会の三つに分かれていた」という。「本島人」会員数が少ないというのは、この場合の台湾山岳会のことであろう。しかし、これらは「戦時中に合同し、終戦時には台湾山岳会一本となっていた」[121]。

田中薫の略歴は以下の通り。日本での湖沼学の創始者といわれる子爵田中阿歌麿の長男として生まれる。東京高等師範附属中学校の山岳部に入部、登山に親しんでいく。学習院高校を経て一九二四年東京帝国大学理学部地理学科を卒業、同法学部政治学科を中退。東京商科大学（現・一橋大学）予科講師を経て一九二七年二月に神戸高等商業学校（一九二九年から神戸商業大学。現・神戸大学）講師となる。そして一九六二年に神戸大学を定年で退官、翌年四月から成城大学教授（〜一九七二年）という経歴である。神戸商業大学、神戸大学では山岳部の部長をつとめた[122]。また、渋沢敬三のアチック・ミュージアムの初期メンバーのひとりであり、履き物の収集が割り振られたという[123]。夫人の田中千代は服飾デザイナーとして著名であり、夫妻が収集した民族衣装は国立民族学博物館に寄贈されている（アチック・ミュージアムの収集品も最終的には国立民族学博物館に寄贈された）。

登山の近代とは、生活・信仰・修行のための山歩きから、探検・測量、あるいは軍隊の行軍といった近代的統治技法の行使を経て（あるいは並行しつつ）、余暇を楽しむためのレジャー、スポーツへと変化し、大衆化していく一連の過程であるといえる。また、日本の場合は、一九四一年に体制協力的な日本山岳聯盟が結成され、「健全ナル登山道」や「国民体力ノ向上」に努めることが規約に掲げられた[124]。

そして、スポーツとしての登山が本格的に日本に紹介されたのは、明治維新以降に来日したイギリス人を中心とした外国人であったということにも注意しておきたい[125]。ちなみに、田中薫の最初の著作はスポーツとしての登山を紹介する入門書であった[126]。

田中薫と台湾と登山と日本語

田中が台湾で登山を楽しんだのは、一九三三年、一九三四年そして一九三六年のことであった。一九三三年の夏は博物学者、昆虫学者で台湾や東南アジアで調査をしていた鹿野忠雄（一九〇六〜一九四五年（ボルネオで行方不明））の案内で、鹿野の助手だったトタイ・ブテンというアミ族出身で日本で教育を受けた青年たちとおこなったものであった。一方、一九三四年夏そして一九三六年夏は、田中が部長をつとめる神戸商業大学山岳部によるものであった（ただし、一九三四年夏は田中は山岳部一行に追いつくことができず、総督府理蕃課の瀬川孝吉、トタイ・ブテンたちとともに別の場所を歩く）。この三度の山行を中心とし、田中が台湾山岳地帯の地形、とくにかつての氷河のあとを探る論考などを付して、一九三七年に『台湾の山と蕃人』という書物を刊行する。「蕃人」の案内がないと山行はできず、この紀行文には「高砂族」の生活にふれた部分もあり、またかれらを写した写真が比較的多く掲載されている。ただ、かれらの話す日本語に注目した記述は多くはない。それが目的ではないから当然であろうが、たとえば一九三三年の山行のとき、「大濁水渓最奥の蕃社、ヒヤハウ社から登つて来た娘等」について、「若い者は日本語で教育を受けてゐるから言葉に不自由はないが殊に女の子は日本語が達者である[127]」という記述がみられる程度である。

田中薫と霧社

なお、一九三四年夏、田中は霧社を訪れている。その四年前、一九三〇年に霧社事件があった。霧社事件では、霧社の原住民が蜂起し、霧社にいた日本人を殺害するのだが、それに対する徹底した報復がおこなわれ、多くの命が失われた。その霧社を訪れた田中は、蜂起の中心人物モーナ・ルーダオのミイラが前年に発見されたことを記している。かれは「自分の死体は決して日本人の眼には曝すまいと云つて山深く身をかくした」ため、ようやく「濁水渓の深い谷奥、マヘボ社の下の洞穴の中に独り銃器を以つて自決してゐるのを発見」、ミイラ化していたので「台北帝大の人種土俗学教室に運ばれ、永久にその魁偉の形相を止める事になつた」という(128)。

田中は続けてこう記す。

ロマンテイツクなモーナルダオの話に聞き惚れてゐる間に何時しか日は暮れて雨になつてゐた。駐在所の庭の下は深い谷になつてゐて、その対岸の原始林中にはまだ白骨の累々たるものがあるといふ。戦に死んだのではなく、親、兄妹、妻子を失つた蕃人達が人生をはかなみ、戦のシヨツクに負け、半狂乱になつて山地深く逃避して縊死を遂げたのが多いと云ふ。蕃人は死体に近づく事をプサニヤツク(不吉)としてゐるので今にその儘放置してあると云ふ事である。

私達は物好きにも彼等の霊を弔ふ可く此の鬼気迫る薄暮の谷へ降りて行つた。〔……〕一本の枝からは不吉な紐がさがつてゐて、ボロ〳〵になつた二枚の衣類が雨露にさらされてゐた。正しく男女の縊死した現状である。息詰まる様な鬼気に襲はれて、その下に白骨の一つ二つを見届けると、匆々《そうそう》に其処を引き上げてしまつた。[129]

ここの記述からは、白骨を見ただけで引きあげてきたことになっているが、後述する一九六三年の田中の回想ではこうなっている。

この時、霧社事件の一中心地だった桜駐在所の巡査から、前の谷の向う岸の密林に五年《ママ》前の蕃人の縊死体がたくさん残っている事をきき、たそがれる小雨にぬれて頭蓋骨を三個、標本としてちょうだいした。事件で戦死したものの家族が男女を問わず世をはかなんで、自殺したものだときかされたとき、首狩りの蛮風の持つ彼等の孤独なあわれな性格を知った。[130]

「息詰まる様な鬼気」が二十五年の歳月を経て、「首狩りの蛮風の持つ彼等の孤独なあわれ」になってしまっていることも、ひとまず措いておこう。一九三七年の本では、「頭蓋骨を三個、標本としてちょうだいした」ことはひとこともふれていないのに、一九六三年には明確にそう記している。この「あわれな」標本がどこにいったのか、田中はなにも記していない。こういった記述が当時問題になったこともないようである。

ともあれ、「原住民の日本語」は仔細に記述されてはいなかった。原住民「なのに」日本語が理解できる、といったイメージの相違にまずは驚き、その「美しさ」を賞賛する構図がみてとれる。

その具体相をあきらかにする試みは、つい最近になってようやくはじまったのである（第六章参照）。

第四章　「かれらの日本語」の展開——一九四五年以降の台湾と日本語

1　日本語の内部化

一九四五年八月の日本の敗戦を境として、帝国日本の支配領域から、日本語の流通を担保する主体、その教育をおこなう主体は消滅し、「内地人」も数年後には基本的に「引揚げ」ていき、中国大陸から国民党が台湾の接収にやってきた(1)。

しかしながら、日本語話者が全ていなくなったわけではない。この点が重要である。

第二章において、『台湾の社会教育』の「国語解者調」の表を示したが（三八―三九頁）、さまざまな到達度であったであろう国語教育体験者は一九四二年時点で人口の半分を越えていた。到達度はそれぞれであっても、国語教育を受けたという共通の記憶は形成されていたといってよいかもしれない。

また、植民地期のメディア状況を論じた李承機によれば、内地からの新聞雑誌などが流入してきており、それを受容する「読者大衆」層が形成されてきたという(2)。この「読者大衆」を形成するための言語として、日本語や「台湾白話」（書きことばの台湾語）、あるいは漢文、植民地漢文などがしのぎを削っていたというようにとらえてよいと思うのであるが、どの言語が優位であったのかということではなく、そうしたさまざまな言語による重層的な言語市場とでも呼びうるものが存在していた、ということであろう。

接収にやってきた国民党からすれば、こうした共通の記憶を呼びおこすさまざまな言語のなかでも、日本語は植民地支配の「残滓」として清算の対象にするしかなかった。国民党は台湾社会から日本語を排除しようとしたのである。

台湾史研究者の陳培豊はいう。

〔……〕台湾は日本人の統治から解放されたとはいえ、日本語は依然として台湾人が近代化された生活を享受したり教育を受けたりする際に不可欠な主要な道具だった〔……〕。さらには各エスニックグループ間の共通語でもあった。旧住民にとっては、急進的に日本語を排除することは台湾人の「耳目」を封じるに等しく、生活に支障と不都合をもたらすことであった。そのため、台湾人は日本語排除の期限を先延ばしするよう求めた。しかし国民党政府はこの要求を受け入れなかったばかりか、むしろ台湾人が北京語を話せないことを理由として、中国人たる精神が欠如していて、そのため、政治能力は十分ではないと判断したのである。さらに旧住民はかつて日本の国語「同化」教育を受けたことを理由に、敵国に「日本化」されたとして、旧住民に「奴隷化」の汚名を被せた。かくして、国民党政府は旧住民の知識分子を政治権力の中枢から排除し、また一般台湾民衆

のさまざまな権利をも奪ったのである。(3)

こうしたなか、一九四七年の二・二八事件によって国民党政府と台湾人（陳の引用では「旧住民」）との間に決定的な亀裂が生じる。そして、「北京語を学ぼうとする意識が低下したのに対して、旧住民である身分をはっきりと証明するために、台湾人は真剣かつ頻繁に、そして故意に日本語を話し始めた」のである。(4)「台北川柳会」でつくられた川柳に、当時の状況を的確に示すものがある。「日本語ヲ本気デシャベル終戦後」。陳の解釈はこうである。

〔……〕日本政府が半世紀待って台湾を離れた後に、旧住民はとうとう日本が望んでいたように日本語を民族アイデンティティの象徴とするようになった〔……〕。日本語を話す旧住民の中で自分を日本人であると考える人はいなかったが、彼らは日本政府を懐かしみ始めた。いわゆる「親日感情」が燃え始めたということである。(5)

日本語は、国民党政府の統治によって植民地支配との連続性が切断されたうえで、あらたな位置づけがなされざるをえなかった、ということのようである。日本語という「配電システム」（言語による統御・統合・結合のあり方）(6)は、組み替えられたわけである。

あるいは、国民党の支配への対抗的配電システムを模索したときに、台湾語によるそれを構築するよりも、かつての「配電システム」であった日本語を再度利用する方が効果的であった、ととらえることもできるだろう。一九三〇年代をひとつの到達点とした「台湾話文運動」が政治的に挫折していった[7]のちにあっては、台湾語を新たな「配電システム」として編制するには時間がなかった、ということでもある。しかし、ここで注意したいのは、日本語という「配電システム」を再起動させたのは、ほかならぬ台湾人であった、ということであり、そうせねばならない状況になっていった、ということである。「日本＝植民地支配者」というイメージが、実際に接した「祖国」中国の実像によって組み替えられ、「既に過去となった日本植民地時期の長所はしたがって喚起され、日本イメージは次第に「元植民地支配者＝凶悪」から「比較的に善い前植民地支配者」になっていった」とし、「1946年以降の日本イメージの再上昇が明白になった。その中に一番際立つ例は日本語の能動的な再使用である」とまとめる研究者もいる[8]。

言語使用に関しては、台湾文学研究者の松永正義の叙述を長くなるが引用したい。

こうして中央政府における台湾人の代表権は著しく制限されることになった。外省人による本省人（台湾人）の支配である。台湾的なものはすべて「中国」の枠組みに沿わないものとして否定された。こうした過程の中で、「あいつら」外省人＝中国人は支配者で、「われわれ」台湾人は被支配者だ、いう考えかた、「中国」はあいつら外省人のものであって、われわれのものではないという考えかたが生まれてきた。「中国」の外部化である。〔……〕

こうした過程と平行して日本の内部化の過程がある。戦後直後の台湾の新聞は、国民党、外省人に接収され、編集権は外省人の手にあり、中国語で発行されていたわけであるが、しかししばらくの期間は、中に日本語欄を持っていたものが多い。中国語、日本語の二本立てで発行されていたわけだ。そして日本語欄の編集はおおむね台湾人の手になっていた。日本語を書くことのできる外省人はまれだったからだ。〔……〕

しかし、四六年一〇月を期して、この日本語欄が廃止されることになった。日本語欄廃止の方針が公表されるや、台湾全島に反対運動が起こった。県市レベルの地方議会で、次々と反対決議がなされていった。だがこうした反対はまったく汲みあげられないままに、既定方針通り日本語欄は廃止された。ここでの失望感が、翌四七年の二・二八事件の底流をなしているとも言えよう。こうした過程を通して日本語は、自分たちの思想を表現する道具、つまり「われわれの言葉」であると感じられるようになっていったわけだ。「日本」および「日本語」の内部化である。

日本語が戦後も一貫して残りつづけたとか、中国語ははじめから外来の言葉だったというような言いかたがよくされるが、戦後台湾における日本語、あるいは「国語」(中国語)の意味を考えるには、こうした戦後過程の問題を抜きにするわけにはいかない(9)。

「日本語の内部化」という現象。「配電システム」の組み替え。要するに、台湾にとっての日本語が、「わたしたちのもの」として再度選びとられていった、ということである。旧宗主国側があれこれ口を出す余地はすでにしてない。

2 「再発見」される日本語――一九六〇年代の議論

一九六〇年代の台湾と日本

それでは、こうして内部化された日本語は、日本からはどのようにみられていたのであろうか。一九四五年以降、一九五二年の日華平和条約締結前後には一時期日本の知識人の関心が台湾に向けられたものの、ほとんどは一九四九年に成立した中華人民共和国に向けられていったという。そのうえ、「中華民国や蔣介石は「反動」とされ、台湾への関心が一種のタブー視された」という。そして、「日本が台湾に再び注目し、研究や言論が盛んになるのは、日本が海外市場に関心をもつ六〇年代以降である」とされている(10)。

そうしたなかで、日本にほぼ亡命状態でやってきた台湾人の王育徳は一九六四年に『台湾』を著す。台湾語研究者の王が「やむにやまれぬ気持」で書いたこの書は、台湾のことを論じたものがあまりにも少なく、「同胞一千万の台湾人が、いかなる過去を背負い、現在いかなる境遇にあり、将来どこに活路を見出すべきかを探究」するために勉強をして世に問うたものだという(11)。日本における台湾への関心がさほど高くなかったということであろう。

一方で一九六四年に台湾は日本に対し借款を要請して、翌一九六五年一億五千万ドルの借款協定が結ばれ、経済的にも近接の度合を深めていくことになる。丸川哲史も、一九六五年を、一九五〇年代を通じて比較的台湾社会において影の薄い存在であった日本が再度その存在を主張しはじめる「歴史的メルクマール」であったと位置づけている[12]。

こうした変化を背景に、一九六〇年代には、台湾を訪問した日本人によって日本語使用の状況が報告され、その報告に触発されて、かつて台湾で教師をしていた人物の発言がなされるようになる。そのなかで「かれらの日本語」が「再発見」されていく[13]。観光目的の日本人海外渡航の自由化は一九六四年四月一日からだが、台湾でいまもって日本語が話されていることが、ある種の驚きをもって報告されていく――それが先に引用した松永正義があげた「日本語が戦後も一貫して残りつづけた」という言説になっていく――のである。

こうした訪問者には、台湾人は「親日」的にみえ、そのあらわれとして日本語使用がとりあげられる。もちろん、一九六〇年代にあって、台湾で「親日」的であることは、「当時台湾の「中国化」政策のもとで政治的社会的に「周辺」的な位置に置かれていた」。一九六〇年の台湾の日本映画見本市を分析した三澤真美恵によれば、「一見すると「親日」的にみえる日本映画見本市への「熱狂」や日本映画人気も、実はその「中心―周辺」関係が束の間「逆転」するカタルシスを求めた結果だったのではないか」という[14]。

旅行で訪問した日本人が歓迎されるのもこうした文脈でとらえるべきだが、そうした背景に思いをいたすことなく、日本語でもって歓待された、という点を強調した記録が出てくるようになる。

「成功」した国語教育――岩崎玄「台湾における日本語」

その嚆矢としてあげるべきは、岩崎玄「台湾における日本語」であろう。岩崎玄(一九一〇〜一九八四年)は一九四八年にシンガポールから復員し、日本語教師となる。一九六〇年から六四年にかけてフィリピン大学客員教授。一九七二年から七五年にかけてデリー大学客員教授。日本では国際学友会日本語学校などで留学生の日本語教育に従事していた。岩崎はスペインからのフィリピン独立運動の闘士、ホセ・リサール(José Rizal、一八六一〜一八九六年)の著名な著作『ノリ・メ・タンヘレ *Noli me tangere*』と『エル・フィリブステリモ *El Filibusterismo*』を一九七六年に日本語に翻訳している人物である(15)。

岩崎のこの「台湾における日本語」は、国立国語研究所がかつて刊行していた月刊誌『言語生活』の一九六四年一一月号に掲載されたものであるが、四年間フィリピン大学で日本語を教育した帰途、台湾に寄った岩崎の台湾言語状況報告となっている。アメリカの支配下にあったフィリピンの言語状況とひきくらべて台湾の言語状況を以下のように論じていく。まずフィリピンの状況について、岩崎はこう述べている。

〔……〕アメリカが二十世紀の初頭から約五十年間、フィリピンを植民地として領有し、その最初から英語による教育を熱心におしすすめたにもかかわらず、現在残っている結果からすれば、それはみじめな失敗におわった〔……〕。アメリカのやったような教育法、つまり英語なんか聞いたこともないような小学校の一年坊主をつかまえて、いきなり英語で教育しようというやり方、すなわち教育の手段である言語と、教課の内容とを同時に教えようという試みは、どだい無理なのだ〔……〕[16]。

このように植民地フィリピンにおけるアメリカの言語政策を「みじめな失敗」とみなしていた岩崎は、同様に植民地台湾における日本の言語政策も、「みじめな失敗」と類推していたのだが、台湾で「二、三日をすごすうちに、このままで確実だと思っていた信念が、一大痛打い《ママ》を、くらって、いまにも倒れそうによろめいているのに気がついた[17]」という。そして岩崎は空港の通関からはじまって台北で遭遇した「かれらの日本語」にまつわる出来事を並べていく。そこで話されるのは、「りっぱな日本語」で、「たいていのことは日本語で用がたり」、「少しのよどみもない」、「自然な日本語」であったのだ。台湾人にとって、「日本語に少し台湾語をまぜたことば」が「いちばん楽に話せることば」だという認識を導きだす。そしてまた、「台湾で日本語教育を受けた人たちは、日本人と同じ日本語を話し、日本語でものを考えている。これが事実なのである」と断定し、九州アクセントがみられることを指摘しつつ「たとえ方言的であろうと、やはりそれは日本人の話している日本語なのである」と強調する[18]。植民地時代に日本人知識人たちから「台湾方言」とされた「かれらの日本語」の「存続」が「発見」されたのである。岩崎はむしろ「かれらの日本語」という視点ではなく「日本人の日本語」ということに重点を置いているようである。ことばだけではない。

また、温泉宿の女中さんたちにもおどろいた。おもに三十歳以上の人たちだが、この人たちには、もう日本では失われてしまった昔の日本の「しつけ」が、折目正しい挙動とともに、しっかりと根をおろしている。日本語のりっぱであることは、いうまでもない。とくにその敬語のつかい方の板についていること。わたしは、自分がこどもだった古い時代の日本に生まれかわったような、奇妙な錯覚におちいるのだった。(19)

このように「古い時代の日本」を見出していくのである。先に述べたように、かれら台湾人によって再度見出された日本語、といったような視点はない。「皇民化」の達成ではないのか、といった視点も、当然のごとく存在しない。しかしながら、こうしたことは容易に、第二章でみたような「生命語」として教育した「国語」が根づいている、と主張したい側を刺激し、当時の国語教育の「正しさ」を証明する根拠にもなっていく(後述)。

その点、直接的に戦争にかりだされたり、植民地支配に関与しなかった世代はまた若干異なる見方をしている。東京大学教養学部の人文地理学分科の学生たち六名(細野暁雄・藤井勝嗣・加藤諦三・糠谷真平・岡部敬・鳴海清稔)が、一九六一年に約一ヵ月間台湾事情を実地調査し、その他資料などにもとづき、『台湾の表情』という書籍を一九六二年に刊行した。そのなかで、実地調査の際に日本語が役立ったという体験を記しつつ、

「日本時代はよかったですよ」と、親しそうに話しかけてきて、日本の植民地支配に対してうしろ

めたさを感じているわれわれを、当惑させるような本省人もいた。日本植民地支配のなごりとして、中年以上の本省人はほとんど日本語をしゃべることができる。[20]

と述べている。そうしたこともあってか、「高砂族」(アミ族)の村に行ったときは、「日本語で話が通じるならば、と意を強くして」突然ある農家を訪れる。土間の正面には孫文の写真が飾られ、土間の左右の居間には畳が敷かれていたその家の「主人と日本語で話をした」ところ、「日本の領有時代がなつかしく思われ、われわれは心から日本人を尊敬しています」というその主人のことばが「われわれの心をうった」という。[21]

戦前の日本を強く意識しない世代のかれらからすれば、認識の空白地帯であった台湾において日本を懐かしむ層があることに、いささかなりとも驚き、当惑したのであろう。しかしながら、実際に植民地において教育に携わった側、たとえばのちにとりあげる木村万寿夫などは、この『台湾の表情』の同じ部分に言及はするものの、かれらの当惑には関心を払うことなく、「台湾における日本語教育がすばらしい成果をあげた」ことを証する一事例としている。そして「高砂族」が日本時代を懐かしみ、いまなお日本語を使用しているのは、「人間らしい生活ができるようになったのは、日本統治のおかげである」から、「もっともなこと」だと木村は判断するのである。[22]

ともあれ、岩崎玄は「当時の台湾人にとって日本語が借り物だったことは、議論の余地のない事実で、フィリピンにおける英語とちっともちがわない」と押しつけの教育であったことを指摘しながらも、「大きな実験であった台湾の日本語教育の事実を知ることは、わたしたちの大きな、また重大な参考になることをわたしは信じる」[23]と、その効果の大きさに侮れないものを感じていた。そして、台湾で国語教育をおこなった教員の体験を知りたい、と訴える。

とすれば、かつての「日本人らしく話しふるまえ」といった教育は成功だったのだろうか、ということになるが、あるいは、「すでに失われた日本」を「発見」する、というオリエンタリズムがかった視点ということもできる。やや大げさともいえるこうした驚き方は、先の松永正義がいう、「日本語の内部化」がなされた一九四五年以降の台湾の歴史をふまえていないことのあらわれでもあろうし、敗戦後二十年にも満たないのに、植民地教育の記憶が日本において継承されていないことをも示している。

その一方で岩崎は、台湾の若い世代の日本語熱にふれて、こう述べている。

日本人のなかには、こういう日本語塾の盛業をみて、台湾の人たちはやはり日本時代をなつかしがって日本語をならいたがっている、などと無責任なことをいう者がある。誤解があるといけないから、はっきりことわっておくが、この学生たちは自分の必要のために、外国語としての日本語をならっているのでる。われわれはもっとよくかれらを知り、その知識の上にゆがみない友好関係をきずきたい、と思う[24]。

こうした見方を、若い世代だけではなく植民地時代に生きた台湾人にまで広げていけるかどうかが重要ではあるのだが、岩崎の文章はここで終わる。

ちなみに、いま現在においても、「失われた日本」を表象するものとして、台湾における日本語がとりあげられることもある。これは、「失われた日本」への郷愁のもとで語られる言説である。ジャーナリストの平野久美子が「トオサン」(「日本語世代」とほぼ同義として用いている)たちにおこなったアンケート「配偶者は日本語を理解しますか?」という設問の「補足説明」として、以下のようなことを書いている。

日本語族の女性たちの所作の日本人らしさは男性以上である。女学校で習い覚えた礼法と美しい言葉遣いが身についている彼女たちは、立ち居振る舞いも含めて戦前のアッパーミドル家庭の夫人然としている。一人称は「アタクシ」。「スミマセン」という言葉をやたらに使わぬ節度がまだ保たれている。(25)

まだ「節度」という表現がなされているので、問題に気がつきにくいかもしれない。しかし、別の人物の書いた文章(「美しい日本語は台湾に学べ(26)」)などは、「かれら」と「わたしたち」とはまったく異なる時間軸を生きてきているのに、過去への郷愁という一点でそうしたことを無視していくものである。どちらかというと「老いの繰り言」に近い。それと同じレベルで台湾の日本語世代をとらえてはならない。

話を戻す。同じ『言語生活』誌に、この岩崎の文章を読んでから台湾に出かけたという人物の文章が掲載された。一九六四年一一月、台湾山岳協会(戦前の台湾山岳会の後身。本章第四節参照)の招聘によって「親善登山」をおこなったグループのひとり、中学校教員の芳野菊子(27)である。台湾山岳協会の人びとは「みな日本教育を受け、精神面でも非常に強く日本の影響を受けた人たち」であり「みなかなりなめらかに日本語を話すことができ、旅行中はこの人たちのおかげでことばの不自由を全く感ずることなしに過ごせた」し、台北では「街に出て買物をする時などは中年の人に話しかければたいてい通じる。話しかけて日本語が通じなければ三十歳以下か外省人と思えばよい」といった経験を語っている(28)。

国語教育の再検証——魚返善雄「台湾日本語教育の秘密」

それから三ヵ月後の『言語生活』一九六五年九月号には、中国語学者の魚返《おがえり》善雄（一九一〇〜一九六六年）の「台湾日本語教育の秘密」が掲載される。これは一九一〇年に台湾で刊行された宇井英の『国語入門』（会話篇・音韻篇）の「新しさ」を紹介したものであるが、発音の「矯正」を主眼においた音韻篇と、現実本位の会話文が軸となった会話篇から成る、というように紹介していく。魚返は、「教師と教授法と教材の三つ」が言語教育の成功の鍵を握る、としたうえで、「台湾における日本語教育の成功はけっして偶然的なものではない(29)」という根拠のひとつとして、この『国語入門』を位置づける。魚返の評価は以下のようである。

言語系統のまったくちがう華語を母語とする人たち、しかも福建語や広東語のように複雑な体系の方言を持つ人たちが、いくら小学校時代から日本語を習ったとはいえ、日本人の支配を離れて二十年を経過した現在なお、日常の生活語として日本語を使い、それもごく自然に、完全に近い形で使っているというのは驚くべきことである。この二十年間には漢民族自身の政府による熱心な「国語」(標準華語)の教育もおこなわれてきたことを考えれば、われわれは台湾という特殊な地区における日本語教育の効果測定にもっと多くの時間と手間をかける必要を感じないではいられない。(30)

具体的にどういった事例に接したのか、この文章では明示されていないが、「ごく自然に、完全に近い形で使っているというのは驚くべきこと」が、「再発見」されていく。

また、台湾ではないが、一九一〇年に香川県で生まれ、父の仕事で朝鮮や日本内地を転々としたあと、六歳のときに朝鮮総督府の巡査となった父とともに朝鮮の水原に渡った作家・湯浅克衛(一九八二年没)は、中学校卒業まで朝鮮で過ごしている。近所に住む朝鮮人少女「カンナニ」へのほのかな初恋と、それが一九一九年の三・一独立運動への弾圧のなかでのカンナニの虐殺という痛ましい終わりを迎える小説「カンナニ」(『文学評論』一九三五年四月号)などの作品がある。その湯浅は、一九六二年にソウルアジア作家文学講演会に平林たい子とともに招待され、戦後はじめて韓国を訪問する。(32)そのときに一行についた韓茂淑《ハンムスク》(一九一八〜一九九三年、のちに韓国小説家協会会長をつとめる)の日本語を「明治か、大正初期の、学習院か、目白の、上品な日本語なのである。たちまち、私は、数十年前の日本にかえった、錯覚にとらわれた」という感想を述べている。(32)

ともあれ、岩崎、芳野、魚返に共通するのは、「日本人の支配を離れて二十年」が経過しているのに、日本語が使われていることへの驚きであって、具体的な言語のあり方の記述はなされていない。

ただただ「驚く」ばかりである。だからこそ、具体的に岩崎は「大きな実験であった台湾の日本語教育の事実を知」りたい、と呼びかけたのであろう。

稀薄な「植民地体験」の共有

ところで、戦争を体験している岩崎であっても、植民地期におこなわれた国語教育の実態がわからない、と述べていた。「植民地経験」は共有されていなかったのだろうか。

「戦争経験」の語り方の変遷を論じた『「戦争経験」の戦後史』のなかで、成田龍一は「戦後日本の中で、非対称の存在としての「他者」のへの無理解、すなわち植民地へのそもそもの関心の薄さがみられる」[33]と論じている。「戦争経験」に比べれば「植民地経験」の共有および継承が広くはなされていない、ということである。成田のこの書は植民地経験の語り方を中心にあつかったものではないので、その理由についての詳細な検討はなされていないが、とりわけ一九六〇年代までは植民地からの引揚げの苦労が主に語られ、他者への視線が欠落しているという指摘は参考になる。[34]「かれらの日本語」の「再発見」もこうした背景があってのことであろう。

ちなみに成田は、一九七〇年代になって、「植民地二世」のたとえば作家の森崎和江などがその経験を語ることによって、「他者」としての植民地の人びとが浮かびあがると指摘する。[35]こうした観点は「かれらの日本語」を「再発見」した側には見出せない（森崎の「かれらの日本語」観については本書「おわりに」で論じたい）。

成田のあげる例に、台湾に関わるものはないのだが、「「戦争責任」の自覚も決して充分とはいえないが、「植民地責任」はいっそう無自覚に検討されないままとなっている」[36]ことは確かである。

また、「かれらの日本語」が立派で美しい、という観察は、第三章でとりあげた、かつて台湾で話されている日本語の「複雑性」が論じられ（川見駒太郎）、「学童用語の国語」と「破格の国語」とに分けて観察されていた（福田良輔）、重層的な状況と矛盾するように思われる。これは、一九六〇年代の日本人観察者たちが、「りっぱな日本語」を話す人たちとしか接触しなかった、ということであろうか。

あるいは、日本人が引揚げてしまえば、耳から覚えたような「破格の国語」を使う機会も必要もなくなり、日本人相手に使ってみたい、体系的に教育の場で学習した「りっぱな日本語」が日本人に向けて使われた、とも考えられる。

台南で生まれ育った楊素秋（一九三二年生まれ）は、戦時中、祖母の家がある大社村に疎開する。台南で「国語家庭」（国語を常用すると認定された家庭。皇民化期の国語普及奨励の意図があった。配給などで優遇されたという）であった楊は、「疎開先の田舎の学校では、先生とも友達とも馴染めず、全てに違和感がありました。というのも、田舎の人たちの日本語を聞いていると嫌になってしまうのです。例えば、私たちは「おはようございます」と言いましたが、田舎の人はちゃんと言えなくて「オハヒヨー」と言うのでした」と回想している[37]。楊の日本語はこのように「りっぱ」なままであるが、「オハヒヨー」は話されているだろうか。もちろん、第六章でみるような、「破格な国語」が引き続き話されていてクレオール化している、という主張が現在なされていることを考えると、「りっぱな日本語」でないものも、相手が日本人でなくても使用されつづけていると考えることも十分に可能である。

しかし、次にみるようなかつての日本人教員たちは、消えていったであろう変種を生んださまざまな要因を考えることなく、結果的に残った「りっぱな日本語」だけが植民地台湾の教育の成果だとして、みずからの教育のあり方を正当化していくことになる。

3　教員たちの回顧——国語教育の評価

「生まれながらの日本人」を「真の日本人」へ——吉原保の場合

さて、台湾での国語教育に携わった人たちの体験を知りたい、という岩崎玄の呼びかけに応じたのが、先に少しふれた吉原保であった（執筆時は前大阪府立阪南高等学校長）。

吉原は、大学卒業年の一九三九年五月に台湾に渡り、台中師範学校教授兼附属国民学校主事となった。敗戦後留用され、一九四六年四月に引揚げてきた。

吉原は岩崎の『言語生活』の記事をふまえて、こう述べる。

戦局激化してからは、教育は困難の度を加え、とくに終戦後は異常な混乱にも出会ったが、今日、日本語がなおかつて国語教育を受けた者の中に生きながらえている。まことに感慨の深いものがある。率直にいって、わたしにはそれが当然のことのように思われてならないのであるが、「当然」

というためには、思い出を通していくつかの事項で分析を加え理由づけをしなければなるまい。

吉原は、「生まれながらの「日本人」である台湾人を、真の日本人」にすることが「皇民化」であって、その手段が国語教育であった、と回顧する。制度的に「日本」に生まれただけで「日本人」とされたにすぎない台湾人を「真の日本人」にする、ということであろう。その皇民化教育の「根底となった言語観は、言語を意志伝達の道具とみる言語道具観ではなく、思想形成作用をもつとみる言語思考一体観であった」という。したがって、学校の教員は、台湾育ちの日本人よりも、日本育ちの日本人こそが「日本魂の持ち主で、皇民化教育の適格者」だという、より本質主義的な立場から、総督府当局は内地の師範学校卒業生を積極的に勧誘していたという。[39]そうして集められたある公学校教師が、生徒を自分の家や宿直室に泊めて「食事の作法から便所の後始末まで、師弟同行で日本式生活様式・国語のニュアンスを教えこんだ」ことに吉原は感心したという。そうしてこそ「真の日本人」になれるのだ、ということだろう。

さらに「生まれながらの日本人である彼等〔台湾人〕は、衣・食・住は台湾的生活の中にあっても、国語を学び日本人として成長していくより他に、未来に光明はなかったのである。役人や教師になるために、内地と貿易したり内地人相手の商売をするために、新聞・雑誌・映画・ラジオその他日本的新文化吸収のために、さては現実的生活の中で新しい時代に即して不都合のない生活を営むために、国語習得は不可欠の要件であった」という植民地社会における日本語の位置づけを述べている。[40]教育する側の原理と同時に学ぶ側のやむを得ぬ事情にも言及しているので、一見目配りはよいようであるが、かれらを「生まれながらの日本人」と一方的に規定していくことに躊躇をみせないのは、教育する側にあった人間として仕方のないことなのであろうか。

それを示すかのように、吉原はかつて生徒たちのつくった和歌と、敗戦後に送られてきた手紙を紹介して、「和歌に詠まれた情感は、まさしく日本人のそれであり日本人になりきっている」し、手紙も「日本人の書いた手紙と比べて別に表現上の難点もない」と評価する。(41)「真の日本人」に教育できた、という満足感がここにはある。

こうしたところから、吉原は、「彼等は止むなく「借りもの」として国語を学んでいたとは思えない。日本人として真剣に国語を学んでいたのが真相だと思う」という見方をしていることがわかる。(42)これは、先に岩崎が「当時の台湾人にとって日本語が借り物であったことは、議論の余地がない」と述べたことへの反論である。おそらく教師としての矜持がそうさせたのだろう。

第二章で紹介した、「生命語」による「国語一元化」を支えた、当時の主張（山崎睦雄）がここに再現されている。

なお吉原は当時を回顧して、国語を教えやすかった条件として以下をあげる。「文字―漢字がいわゆる同文」、「国語が台湾で共通語の生活をもっていた」、「国語が台湾語より高い文化を負っていたこと。その逆に教えにくかった条件として、「語類（日―膠着。台―孤立）」（言語のいわゆる「類型」が異なるから学習しにくいということ）、「音韻」（dをlと発音すること、わたり音など）、「アクセント」（一型化など）、「敬語の問題」、「語彙」をあげ、さらに「教える側の国語自体に標準語と各地方の方言に発音やアクセントのちがいがある」点をあげる。とくに最後の点については、「無垢な児童にまちまちな国語を教えてはいけないのだ、日本人だから日本語が教えられるということではないのだ、すくなくとも各自の方言と標準語とのちがいを認識することから台湾の国語教育が始まるのだ」と当時から強調していたという[43]。第三章でみた教師のことばに関する問題点がここでも指摘されていることが確認できる。

一方で、教えやすかった条件は、客観的なものとはいえない。とりわけ注目したいのが、「国語が台湾で共通語の生活をもっていた」という点である。吉原は、「台湾人の大部分は福建系で福建語を話すが、新竹州などには広東系で広東語を話す人も相当多いし、山地には高砂族がまたちがった言語を話す中にあって、全島的に国語が共通語の役割を果たした」としている[44]。そのような願望が教育する側にあったとして、数値的に水増し感のある「国語普及率」をみても、「共通語の生活」ができたとはいえない。当時にあっては国語教育とは日本あるいは日本人との縦の関係を結ぶものであって、横の連絡のために必要だといった見解が強調されるのは、むしろ原住民教育であったのではないか[45]。

台湾のなかでの共同性を獲得するための手段としては、台湾人からすれば「国語」によるよりも、台湾話文の運動や、あるいは陳培豊のいうような「植民地漢文」[46]であったとみるべきであろう。もちろん、それでもすべての階層、民族を包摂する共同性を保証しえたわけではない。ともあれ、国語が台湾の共通語であった、という位置づけは、いまに至るまでくりかえされていくことになる。

一方、教えにくかった条件については、当時から指摘されてきたものをくりかえしているわけであるが、その当時の資料をふりかえることが少なかった一九六〇年代において、当事者の筆によって語られたこうした特徴は、ある意味では貴重である。

反覆する理念――木村万寿夫の場合

そして、吉原保と同様に台湾で教鞭をとっていた人物が、これに続いた。一九〇三年生まれの木村万寿夫である。鳥取大学教育学部教授であった木村は、一九六六年一二月発行の鳥取大学の紀要に掲載した「台湾における日本語教育」において、ここまで紹介してきた岩崎玄、芳野菊子、魚返善雄、吉原保の『言語生活』誌での諸報告をとりあげ、「最近、台湾における日本語教育の成果が高く評価されるようになった[47]」と総括する。形としては、『言語生活』誌での諸議論に刺激されて書いたようにみえる。

それより若干早い時期(一九六六年九月)に、広島大学教育学部の雑誌にも「台湾における国語教育の思い出」という文章を載せている。これによれば、木村は広島高等師範学校在学中、台湾総督府の委託生でもあったので、一九二八年三月の卒業後すぐに台南第二中学校に勤務することとなった(この点、台湾総督府が内地の師範学校出身学生を勧誘していたという先の吉原の記述と符合する)。一九三四年三月に同校を退職、広島文理科大学に入学し、一九三七年三月に卒業、台中師範学校で教鞭をとる。とくに台中師範学校では、話しことばの教育に意を用いたという。一九三九年からは台中商業学校に転勤、一九四〇年一〇月から半年間、台湾の代表として日本内地の国民精神文化研究所に入所している。その後一九四二年四月からは新設の台北第四中学(内地人生徒中心)に転任、一九四六年三月に引揚げてきた。この「台湾における国語教育の思い出[48]」の末尾で、「なぜ台湾における日本語教育が偉大な成果を収めることができたか。これについても他日まとめたいと思っている[49]」と述べているのだが、これが鳥取大学紀要の「台湾における日本語教育」であり、翌年の「伊沢修二と台湾教育の創業」[50]となった。いってみれば『言語生活』誌での議論が、木村にこの二本の論文を書かせた、ともいえる(内容は適宜ふれることにする)。

台湾勤務時の主張

さて、植民地時代の台湾でも比較的木村はものを書いていたのだが[51]、内容としては当時の国語教育のイデオロギーを反映した典型的な議論を展開していた。たとえば、「戦時体制下の国語教育を如何にすべきか。〔……〕私は何より先づ三千年来生々として伝へられた我が国語を愛護し尊重する念を徹底させその実現を期するにあると思ふ[52]」というかなり気合いの入った「はしがき」をもつ『国語音声の特質と国語教育』(一九三八年)という著作で、木村は

日本語の中にこそ祖先伝来の日本精神が脈々と流れてゐる。故に日本語に習熟することそれ自身が日本精神を体得することになるのである。日本精神は日本語によつて培はれ、日本語の中に内在してゐることを忘れてはならない[53]。

と高らかに謳いあげる。だからこそ、音声学に則った国語教育をおこなうべきだ、というやむにやまれぬ実践の書として位置づけることも可能である。しかしながら、「台湾に於ける教育が、その創始以来、一視同仁の御聖旨によつて行はれ〔……〕諸外国の植民地に対する態度は全く搾取的で、利益

を目的としてゐるから、そこには国語の普及といふやうなものは全く考へられず土語のまゝに放置され、たゞ貿易上多少の通訳を使つてゐる程度にすぎないものが多い」のだが、台湾はちがう、という強い主張が打ちだされていく(54)。

こうした欧米帝国との対比のなかで、日本による台湾統治の特殊性、つまり国語による教育、ということが強調されるのだが、それにつけても、音声教育をきちんとおこなうべきである、といった趣旨の議論となっていく。また、この数年後には、

現在日本語の海外進出に伴ひ、国語の単一化といふことが色々考へられてゐるが、これとても外国人学習の便のみに捉《とらわ》れ、日本の国語といふことを忘れたならば本末を誤ることになるであらう。なるほど外国人には敬語はむずかしいに違ひない。しかしむずかしいことを以て敬語を疎かにすることがあつたならば、それは外国人を主体とした考へ方であつて、日本の国語といふ日本的な立場を忘れた考へ方である。如何なる困難があらうとも世界に広まる日本語は、正しい立派な、そして国家を代表するに足るものでなければならないと思ふ(55)。

と述べてもいる。国語は外部からの視点によって変化してはならない、ということである。おそらくは、教育の現場にあっては、アクセント教育・音声教育をいかに効果的におこなうのか、という点が喫緊の課題であったことと思われる。しかしながら、それをどう正当化するか、といったときに当時のイデオロギーをこともなげに援用していった、ということが確認できる。

木村の場合、台湾にいた当時の議論は典型的であるが、そこでの議論を一九六〇年代においてもほぼそのまま踏襲していることも、吉原同様、典型的であるといえる。

継続する理念——二つの論文の類似

木村の一九六六年の「台湾における日本語教育」は、一九三八年の「台湾に於ける国語教育の諸問題」[57]に一部依拠している。後者は、台湾での国語教育の歴史や現状にもふれているが、台湾人の日本語の発音やアクセントの特徴を記述することに紙幅が割かれている。前者においては、この特徴は「補説」で簡単にふれる程度となり、かわって「台湾における日本語の現状」「台湾における日本語教育はなぜ成功したか」「蒔いた種は生える」「公学校における話し方教育」「公学校の話し方教育から学ぶべき点」が新たに加わっている。節の題目だけをみても、かつての植民地における国語教育を肯定したうえでそこから、いま現在の日本の国語教育でも学ぶべき点を見出そうとしていることがわかる。

この新たに加わった諸点は、一九六六年九月の「台湾における国語教育の思い出」と基本的に重なる。そこでは台湾では話しことばの教育を重点的におこなったことや、台湾人生徒の日本語の特徴を記録している。木村は学徒隊幹部として召集され、敗戦後の引揚げを経験している。「台湾がわが領土から離れ、新たに中国に復帰するようになって、最初に職を失ったのは国語（日本語）の教師であった」そうで、生活には苦労したようである。そういうこともあってか、以下のように論じている。

なぜ台湾が朝鮮や満州などとちがって、人心がおだやかで、敗戦国の日本人に対しても、戦前同様の心情で接したのであろうか。わたしはこれは領台五十年の善政と教育の賜物であると思う。台湾において今なお日本語が行なわれているのを、単に国語政策の「つめあと」としてみる人もある。〔……〕しかし、「つめあと」というのは、征服、被征服の関係において両者を対立的にみることであって適切でない。わが国の台湾に対する態度は、諸外国のように単なる植民地としてみたのではない。台湾を内地の延長と考え、内台一如をその理想とした。だから、台湾における国語（日本語）の教育は、本島人を善良な日本国民に育成するための教育であった。初等教育の最初から、日本語による教育が行なわれたのもそのためである。

今なお台湾で日本語が喜ばれるのは、言わば蒔いた種が生えたともみるべきものであり、異民族に対することばの教育の理想が具現されたものとして、世界に誇るに足る事実であると思う[57]。

「つめあと」論——豊田国夫

木村の批判する、国語政策の「つめあと」としてみる人とは、一九一八年生まれの豊田国夫である。一九六四年刊行の豊田国夫『民族と言語の問題』で「日本の異民族統治における国語政策」の一部として「台湾における国語政策」を扱った。そこで直接には「台湾原住民」のあいだでいま現在も日本語が使われていることを指摘して、「旧日本の理蕃政策は、台湾政府に引きつがれているが、日本語の残存はすなわち、侵略の爪あとをもの語るものである[58]」と論じている。豊田は明確に、日本の植民政策は、異民族に対して、当時のいわゆる一視同仁の思想にあった。これは、日本が宗教国家としての神話解釈から、いわゆる八紘一宇の思想として出てきたものであり、侵略主義を糊塗するものであった。(59)

と断じている。豊田は一九四二年に法政大学文学部を卒業した。卒業即入隊であった当時、「遺書のつもりで」書いた卒業論文の題目は『国語政策論』であったという。それを選んだ動機を、のちにこう語っている。

当時、台湾・朝鮮などに対して、日本は一視同仁のひたすらな皇民化のため、強力に「国語普及」の運動をすすめていた。「国語」を唯一の拠りどころとするこの同化方針に、私はまず疑問を感じた。それから「民族と母語」というものに関心をいだいた。〔……〕

母語のない民族はいないはずなのに、相手のことなど意に介しない、この手前勝手な普及策に義憤さえ禁じ得なかった。それが、為政者の自国語に対する過信であるということはおぼろげながら理解できていたが、私の疑問はむしろその過信の根源にあった。(60)

こうした観点から、豊田は批判的に近代日本の言語政策を描いた。教育の現場に立っていた吉原保や木村万寿夫とは経験や観点が異なってくるのであろう。豊田との対比で明らかになるのは、木村たちの「過信」であろうか。

「つめあと」論への反論

しかし、こうした「侵略」の証拠とされることが木村には我慢できなかった。台湾総督府初代学務部長であった伊沢修二の台湾教育方針（当初から日本語による教育をおこなう、という方針）を論じた文章の冒頭近くに、次のような批判がある。それは、伊沢の業績の細かい点があきらかにされていないために、

現在台湾で日本語が至るところに通用する現象を、「侵略の爪あと」とみる向きもある。日本語をおしつけ、民族語としての台湾語を滅ぼそうとした失策であるというのである。しかし、伊沢修二の日本語による教化方針は、決して台湾語を滅ぼそうとしたものではない。そう考えるのは、日本語教育の方針が、どのような理由にもとづいてきめられたかということを、深く知らないためであると思う。(61)

と、豊田を念頭に置いた批判をする。それでは、どのような理由にもとづいて方針が決められたのかというと、「一視同仁」「民族的な差別を置かない」ものであって、それを「侵略主義を糊塗するものであるというものもあるが、これは曲解もはなはだしい」とこれまた豊田を批判する。(62)

豊田も、先にふれたように伊沢について論じ、「侵略主義を糊塗する」ものとして「一視同仁」思

想をとりあげているのだが、これは見解の相違であろう。木村万寿夫は、敗戦後にあっても戦前を生きていたといえるのかもしれない。

この点に関して、木村は一九六六年一二月の「台湾における日本語教育」でもほぼ同様の論調を貫いている。たとえば、

台湾における日本語教育が輝かしい成果を収めたことは、前にも述べたように、一つは政治の方針が本島人を差別せず、同じ日本人として民生の安定をはかるのを第一としたことである。そして学校教育がその同化政策を支持し、日本語による日本人の育成に徹したことがまた重要な原因になっている。つまり、政教一致、本島人をりっぱな日本国民に育てあげ、幸福な生活が実現するよう五〇年間、終始一貫努力して来た結果である(63)。

ということが主張されている。教員の回想としては貴重なものであるが、ここからわかるのは、戦前の論理が何の検証も自省もなく継続し、それの賞賛に終始していることである。

一九六〇年代はじめに、植民地時代のことをそれほどはっきりと記憶していない世代によって台湾の現状が伝えられるようになり、実感として植民地時代のことをもっと知らねばならない、という主張がなされた。その時に、体験者たちが、自己肯定の意思をもってその「成功」を語るようになっていったのではないだろうか。

「政教一致、本島人をりっぱな日本国民に育てあげ、幸福な生活が実現するよう五〇年間、終始一

貫努力して来た」と木村は述べる。

ただむしろ、先にみたように、「終始一貫努力」してきても、現実には児童の話す日本語にいろいろと「問題」があり、なかなかそれが解決できない、というぼやきが戦前の論調の基底をなしていたようでもあるのだが、そのあたりの矛盾には気づかないようである。

現場を離れれば、実践的要求というものは当人にとっては忘れられていくものにすぎない。したがってそこに残るのは、情けないほどのイデオロギーしかない。木村の言説はそのことを示しているのではないだろうか(64)。

ともあれ、一九六四年という時点で、豊田国夫が右のように論じていたことを、まずは記憶しておくべきであろう。

教員再配置――国語教育理念の継続

このように、吉原保の場合もふくめて考えると、「国語」の論理の継続は、植民地で国語教育をおこなった人たちが敗戦後日本の国語教育界に再配置されるなかでなしとげられてきた側面もある(65)。

再配置、という点についていえば、国語教育・日本語教育に携ってきた石黒修《よしみ》（修治、とも。一八九九～一九八〇年）という人物が、敗戦後に以下のように述べていることを記しておきたい。

〔……〕日本語教育と国語教育は外国人に対する教育との違い、外国語としての日本語、母国語としての日本語の教育という違いがあり、年齢とか、社会的地位の差でもあるが、共通することが多い。わたしは国語教育の研究会などに各地に行って、戦前、戦後各地で日本語を教えていたという人たちによくお会いするが、そういう先生たちはいずれも言語指導という点ではたいへんすぐれた成果をあげている人が多い。このことは、戦後の国内の国語教育にとって大きなプラスである。(66)

「たいへんすぐれた成果をあげている人」のなかに、木村や吉原も当然ふくまれていたであろうし、数多くの木村や吉原がいた、ということである。その吉原自身も「内地帰還した先生がたの多くは、内地の小・中学校で教職に関係しているはず」と述べている。(67) 具体的な統計データとしては示せないものの（丹念に調べれば可能であろうが）、こうした感触があったと思われる。

石黒修の主張は、植民地などでの国語教育（「日本語教育」）で培った言語指導法が敗戦後の国語教育でも成果をあげている、ということである。木村や吉原の書いたものを読むかぎりでは、かれらの認識が、引き続き「正しい国語」「日本人らしい話し方」といった観念に強固に支配されていることもわかる。敗戦後、吉原は高等学校で教鞭をとり、木村は鳥取大学で国語科教員の養成にあたっていた。再生産の場にいたのである。

なお、石黒修は、戦前・戦中、国語教育に従事し、法政大学の講師や国語文化協会理事などをしていた。「大東亜共栄圏」での日本語普及を促進するために簡易化が必要だという主張を多くの著作でくりひろげ、『日本語の問題——国語問題と国語教育』（修文館、一九四〇年）、『日本語の世界化』（修文館、一九四一年）、『美しい日本語』（光風館、一九四三年）、『日本の国語』（増進堂、一九四三年）などを著している。敗戦後は、一九四八年にＧＨＱのＣＩＥ（民間情報教育局）がおこなった「日本人の読み書き能力」という大規模調査に参加し、文部省の国語学習指導要領編修委員などをつとめている。その点でいえば、石黒の議論が、教育面での効用を重視したものとして一貫しているといえる。敗戦後に石黒はこの調査の概要と「国語問題要領」を解説した『日本人の国語生活』(東京大学出版会、一九五一年)をはじめ、『アサヒ相談室　ことば』(朝日新聞社、一九五三年)や『ニッポン語の散歩』(角川書店、一九六〇年)などを著しているが、戦前・戦中に自らがなした議論についてふれることはなかった。

また、一九九〇年代に、かつての日本人教員やその生徒たちへの聞きとりがなされている。たとえば、先にも引用したが(八六—八七頁)、一九一四年生まれで台南師範学校を卒業し附属公学校で教えた萬田淳は、「植民地の子供という意識はありません。みんな同じ日本の子供と思って心をこめて訓育しました」と述べている。ここには木村や吉原のような意識の継続がある。さらに萬田は「我々は教育者として全身全霊を傾け、子供たちに教育そのものを授けたのです」と自己肯定をおこない、萬田の後輩でもあって同じく台湾で教員をしていた甲斐文二(一九一八年生まれ)も、「私たちは言葉を教えたのではなく、教育の魂を教えたのです。それに、私たちのころは国語教育といっていて日本語教育とは意識が違いました。精神的なものが違います」「我々が侵略のお先棒を担いだのだと書かれているものを見ましたが、全く心外です。我々は教育愛をもって台湾の子供たちを導いたのです。戦争中間違ったことをした人は大勢いたと思いますが、私たちは間違っていなかったと思います」「教育というのは魂です。大和魂は日本からは消えましたが、台湾には生きている、と台湾の教え子が言います」と述べている(68)。

両者ともに、石黒修の指摘のように、敗戦後も日本に引揚げて教員生活を送っている。聞きとりをした河路由佳は、「資料としての性質上、〔……〕論評を加えることは差し控える」[69]としているが、成績のよい生徒は教育を懐かしむもの、ということくらいは書いておいてもよかったのではないか。その点、同じように聞き取りをしている前田均は、「重要な問題点は、現在証言者として現れる人が教師（「内地人」・台湾人とも）・生徒のいずれもがいわばエリートであることである」と証言のある種の傾向を指摘している[70]。

一九四五年八月一五日以降、それまでの所業のために台湾人生徒から吊るしあげをくらった日本人教員も多い[71]。そうした教員をも含めた、植民地から継続する敗戦後の国語教育に関する議論が必要に思われる。

4　原住民の日本語

さて、「かれらの日本語」の「再発見」を語るときには、山岳地帯に住む原住民の日本語と「再会」する場面は欠かせない。こうした「再会」がなされるのは、先にもふれたように一九六〇年代になってからのことであった。

地理学者・田中薫が一九三〇年代に三回台湾で登山をしたことについては、第三章の終盤でふれた。ここでは、神戸大学定年後に成城大学教授となった田中の、一九六三年三月の台湾での登山についてみることにしたい。

台湾山岳会の継続

まずは植民地時代に結成された台湾山岳会のその後について、田中薫が語るところからまとめると、以下のようになる。

敗戦当時の台湾山岳会総幹事は平沢亀一郎（台湾総督府殖産局技師、警務局および内務局の地理課長兼務）であった。平沢は台湾山岳会を解散するつもりだったが、戦時中に台湾山岳会に合同した趣味登山会出身の蔡礼学が会の存続を主張し、蔡が引き受ける形で存続することとなった。一九四七年の二・二八事件のあおりで一時的な解散を余儀なくされたものの（このとき多くの資料が焼かれたという）、同年すぐに再建、初代会長に台湾電力公司の柯文徳が就任した（柯は東京高等師範学校中学部で田中薫の一学年先輩）。その後、一九五三年までに会員は一六〇名、一九五二年からは機関誌『台湾山岳』を刊行している。こうした順調な展開は、朝鮮戦争を経た冷戦体制における中華人民共和国との緊張関係のもとでの「国防体制の中で成長」したからだ、と田中は論じる。つまり、「「山登りは行軍訓練の基礎」という山岳会の主張は国防当局に迎えられ、ひいては登山の重要性と価値を政府当局や社会に認めさせ、登山の大衆化に役立ってきたのである[72]」。

こうした情報は、田中が一九六二年に二ヵ月にわたる東南アジアでの調査の帰途に台湾に寄り、台北で台湾山岳会の人々と会食をした際に得たものと思われる。なお正確には、台湾山岳会は一九五〇年に「台湾省体育会山岳協会」へと改組されている。政府機関の下部組織になったのであるから、

「国防体制の中で成長」したのも当然とはいえる。その後、一九六九年に中華全国体育協進会の下部組織となり、中華全国登山会と中華全国山岳委員会とに分けられた。後者が外国からの登山客の受け入れを担当した。さらに一九七三年には前者が中華民国健行登山会、後者が中華全国山岳協会と改称、機関誌も『中華山岳』と改称し、現在に至っている(73)。

さて、田中が敗戦後はじめて台湾を訪れた次の年、一九六三年に、戦前の台湾の山行でガイドをしたトタイ・ブテン（愛称「アミちゃん」）から田中が勤務する神戸大学に年賀状が届いた。それは、

戦争が始まるとともに、彼等との交通はプッツリと切れ、噂では彼等は高砂族とおだてられて南方のジャングル戦にかり立てられ、フィリッピンやニューギニアで戦死するものが出ていると聞くばかりだった。十八年を経た今、山の人達の消息を知ろうとする余裕が私の心の底に湧いてきたのである(74)。

という心境と重なり、田中は神戸大学中日親善学術調査隊（全九名、外務省文化交流事業）といういかめしい名前の団体の隊長として、一九六三年三月から四月にかけて台湾を訪問、まずは、「ブヌン族の住む玉山（新高山）地区」に入る。以下は、そのときの見聞「台湾の山と人」からである。

「台湾の山と蕃人」から「台湾の山と人」へ

本書との関連でいえば、ここではかれらの話す日本語についての記述が戦前のものに比べると目立つ。たとえば、ブヌンのトンポ（東浦）社に向かう途中、

道づれになったブヌンの子供らが可愛く、けっこう日本語で話ができる。三十歳代までの両親は日本語教育を受けているからである。「桃太郎サン桃太郎サン、お腰につけたキビダンゴ……」と唱う子もいる。折から卒業式をひかえて、「あおげばとうとし、わが師の恩」と日本ではききにくくなった歌曲の練習が流れてくる。(75)

一九四五年以降に生まれた者でも、親が「日本語教育」（国語教育）を受けているので、日本語が話せる、というのである。日本人が去ったあとでも、日本語の継承がおこなわれているということであり、後述する「日本語クレオール」の前提がほのみえる。

さて、トンポ駐在の警察職員はみな日本語がわかる本省人で、「親切なのも日本時代の警部さんとかわらない」。田中は、ブヌンに日本語が「生き残る」理由について、国民学校教員からの話として、以下のような点をあげている。

教育上いちばんの悩みは国語問題である。山地人は固有の文字を持たないので、日本語は片仮名で

覚えた。戦争まで台湾語は言葉も文字も知らずにすんだ。台湾政府は北京漢話を国語とし、しかも中共が始めた新漢字に対抗してか、略字や左書きを認めない。漢字には一種の発音記号（注音符号）が用いられているようだがなかなか普及しない。日本語が生き残る理由はそこにある。しかも本省人（平地人）のような訛りがない。生粋の日本語がブヌン語とともに語りつがれている。ブヌン語を知らぬ巡査は日本語でなければ統治できないのである。山胞（原住民）が日本人を迎える気持には日本語の支えがあることはたしかだ。教会には聖歌隊があり、ブヌンは声楽の才を示すが、歌詞はブヌン語で、ブヌン語にない「十字架」などの日本語がまじる。(76)

とある。中華民国の言語政策との関連で日本語の問題を指摘し、日本語の命運も「国語」の普及度合と関連するというわけであるが、訛りのない生粋な日本語が「生き残」っている状態を（具体的な記述はないものの）指摘する。

さらに、台湾東部の花蓮に向かう途中でアミ族のトタイ・ブテンの大歓迎を受ける。また、宜蘭県の濁水渓のシキグン（四季）社近くで出会ったタイヤル族女性について、「彼女らはやはり三十代以上は正しい日本語を話し」ていることを記す。(77)

この文章は、副題が「高砂族は今も日本人を慕っている」とあるように、そうした視線のもとで書かれたものであり、「日本語はそのかすがいとして相当の年月生きるであろう」と推測している。さらに、「近年台湾に旅する誰もが親日の美酒に酔って帰ってくる。その本源の中に占める旧日本総督府の業績の占める比重についてはさまざまな評価があるだろう。しかし、理蕃に示されたヒューマニズムこそは世界のどこへ出しても恥しくないものだったと私は思う」と断言している(78)。具体的には、「日本時代の台湾総督府警務局理蕃課は厖大な予算を組んで、自然民の生活を保護し、自然の牧場を確保していたわけで、今日のセンスでいえば自然保護による人道主義の政策にほかならない。日本の過去の歴史の中では大いに誇っていい実績であると思う」ということのようであり、さらには山地の適正な開発を望んでいる(79)。

戦前との比較ができた田中は、その「変わらなさ」を強調する。

戦前の山行の記録をまとめた書物の書名が『台湾の山と蕃人』であった。一方で一九六三年に再訪したときの紀行文が「台湾の山と人」であった。こちらの「人」も、山岳地帯の人々を指しているのであるから、「蕃人」が「人」になっただけである。田中の視点も、変わっていないといってよいだろう。そうした点から考えても、一九六三年の紀行文で、かれらの話す日本語がしばしばとりあげられているのは特徴的である。文中にもあったが、「生き残った」ということに、そしてそれが「正しい」日本語であることに、強い印象を受けた結果と考えられる。

また、前述の芳野菊子は、一九六四年末に台湾山岳協会の招聘で親善登山のため山地を訪問している。この一行が玉山（かつての新高山）登山のためにポーターとして雇ったブヌン族の二八歳の青年は「正確な美しい日本語で挨拶をした。これは台北で聞いた本省人の日本語よりもよほど身についた日本語という感じを受けた」という。さらに「もちろん彼らの日常語はブヌン語であるが、文字もなく語彙の貧弱なこのことばの中にはかなり日本語が混入しているようだ」との観測を示している(80)。

そうはいうものの、日本語が話されていることへの驚き、感激が先に立ち、具体的にどういった特徴があるのかについてはふれるところがない。本省人の日本語の場合は、ことばというよりも、残されている日本家屋などともあいまって、しぐさ・挙動といった「日本精神」を彷彿させる、「失われた日本」を「発見」したことに驚きの重心があるが、「原住民」の場合は、ことばそのものの「美しさ」が中心になっているという差異がある。田中のように、戦前の知り合いに山地で再会できる条件が整っている場合はきわめて例外的であるが、それだけに、芳野のようにはじめて山地に入りそこで「正確な美しい日本語」に接したときの驚きは大きかったといえる。

第五章　「日本語教育史」の再編――「成功」の歴史なのか

1　植民地国語教育の二重性

日本語教育か国語教育か

　ここで、一九七〇年代以降の「日本語教育史」という分野の成立をめぐる状況をふりかえっておきたい。「かれらの日本語」を作りだしたひとつの大きな要因として国語教育があったが、その「歴史」をどのように描きだすのか、つまり、日本語教育ととらえるのか国語教育ととらえるのか、といった点にも「かれらの日本語」のとらえ方の特徴がみられるからである。

　くりかえしになるが、第二章でみたように、台湾における日本語教育の歴史は植民地支配からはじまる。そしてその方針は、初代学務部長伊沢修二の、日本語による教育、という当初から一貫したものであった。この方針に沿ってなされた教育などの結果として発生した「かれらの日本語」と日本人との一九六〇年代の「再会」は、第四章でみた通りである。

そしてこの一九六〇年代になされた岩崎玄、魚返善雄、そして吉原保の『言語生活』での議論を、日本語教育史という文脈で紹介したものに、一九九七年刊行の関正昭『日本語教育史研究序説』がある。そこでは、吉原の文章は岩崎・魚返の議論を、日本語教育が「成功」した事例として台湾をとらえるものであり、「台湾での日本語教育の歴史をひたすら正当化し、ただひたすら感懐にふけっている」と、関は手厳しく批判する(1)。そして、

歴史は語り継がれていく。日本語教育の歴史もまた語り継がれていく。しかし、語り継ぐ者は語り継がれる内容を正しく評価する目を持たねばならない。教育をほどこした側、ほどこされた側、双方の視点から史実に対する評価を行なわなければならない。台湾における日本語教育の歴史が単に「成功例」として語り継がれていってはならないのである(2)。

とまとめる。議論としては妥当である。しかし、そこから先の議論は「序説」だからなのか、存在しない。むしろ、「単に「成功例」」として語られることを批判するだけではなく、なぜ「成功例」とみなそうとしたのか、という視点が必要だろう。それは、以下にみていくように、第四章でふれた一九六〇年代の台湾における日本語使用状況の「再発見」——つまり、「かれらの日本語」の「再発見」——によって、さらにはそれを「成功」とみなすことによって、一貫する日本語教育史を構成しようとした、と解釈することでもある（具体的な「かれらの日本語」の分析は、第六章でみるように一九九〇年代にならないと本格化しないのであるが）。つまり、日本語教育史の構築とは、「わたしたち」として

取りこもうとした国語教育期の台湾をも日本語教育の歴史に位置づけることで、植民地教育をいま現在の「わたしたち」の外部として析出――つまりは「外部化」――しようとすることでもあった。

要するに、国語教育としてとらえるとすれば、実際に植民地でおこなわれた「会話一元」の教育や「皇民化教育」といった国語普及のための過程、植民地主義という政治の側面までをもふくみこんでしまう（関正昭の『日本語教育史研究序説』ではこうした話は出てこない）。しかしながら、日本語教育ととらえれば、国語教育の結果のみを「成果」としてとりあげ、反省すべきは反省したうえで、今後の日本語教育の「成功例」（あるいは「参照例」）として位置づけることが可能になる。

植民地期の国語教育を「日本語教育」ととらえるのは、論文タイトルでいえば、第四章でとりあげた魚返善雄「台湾日本語教育の秘密」（一九六五年）や木村万寿夫「台湾における日本語教育」（一九六六年）が早いものだろう。木村の文章では、

〔……〕台湾における日本語の場合は、本島人（台湾人と言わず、本島人と言って差別感をなくすることにつとめていた。）を日本国民に育成するために日本語で教育するのである。したがって、日本語は、日本語の時間だけでなく、あらゆる教科が日本語で行なわれ、また、日常生活もすべて日本語でというのが理想とされた。そういう広い立場からの日本語の教育であるから、これを明らかにすることは、単に今後外国語としての日本語教授に参考になるばかりでなく、わが国現下の国語教育にも、大きな示唆を与えることになると思う。(3)

としている。「日本国民に育成する」という国語教育の側面と、日本語教育の側面の両面、あるいは二重性が指摘されている。また木村は同じ一九六六年に「台湾における国語教育の思い出」という文章も書いており、「国語教育」と「日本語教育」とを厳密に区分していなかったこともうかがえる。その点では、木村は「外部化」を明確に主張していない。

木村は台湾での国語教育の体験者であるから両面の指摘ができるのだろうが、二重性の存在は、現在の日本語教育史研究で明確に指摘されていないように思われる（後述）。

日本語教育の場としての植民地

日本語史の研究者として著名な杉本つとむ（一九二七年生まれ）は、一九六九年に「台湾における日本語教育の方法と歴史」と題する論文を発表している（執筆は一九六七年）。一九六四年に台湾を訪問した杉本は、そのとき「既に日本の台湾引揚げから、20年もたっているのに、空港でも、空港で乗ったタクシーでも、土産屋でも、実に正確な日本語をきくことのできたのに、我ながらびっくりした。台湾での日本語の普及を身をもって体験した思いである」(4)と述べたうえで、植民地台湾の教育制度の確立に果たした伊沢修二の役割を指摘し、教育機関や教科書の簡単な紹介、教育の効果などを、当時の資料などを使用しながら論じている。植民地教育史においても比較的早い時期の成果と考えられる。ここでも、タイトルには「日本語教育」が使用されてはいるものの、本文では「国語教育」が混在している。

杉本は以下のように述べる。

台湾の場合、日本が日本語を普及するためにとった政策は、まさしく異民族統治の理念、植民政策的理念の実現のためであった。これは単なる行政上、経済上の都合からというものではなく、さらに奥深く、台湾人の日本人への同化を目的としたものであった、最終的には日本人とすることであった。これを〈皇民化〉と呼んだ。この同化のために、日本語の普及は絶対不可欠な条件であった。台湾における日本語教育が成功したかどうかは問わないとしても日本語の普及が著しかったという結論はまちがっていないだろう(5)。

「成功は問わない」といいながらも、伊沢修二の教育方針を論じたあとで、「台湾における日本語教育の成功は、いわば以上のような出発点における確乎不抜な方針と態度に存すると断言することができる」とし、あるいは「日本語の普及は、政府民間の努力と協力によって、着々と成果をあげていったわけであり、国語理解者の%が一おうそうした普及度の目安になろう」というように、成功であったと断言している。そのうえ、「かつての栄光ある台湾の日本語」とも表現している(6)。さらにはまた、「台湾人のために共通した台湾語が育成されたのは、日本語教育、日本語普及の副産物として、貴重である。ますます台湾人を一つの共同体意識の醸成にかりたてたであろう(7)」とも述べる。しかしこの「台湾語」の指すものは曖昧で、具体的に論じられていない。

その一方で杉本は、「方法としてのみでなく、理念としても二語併用をはっきりと認め、その上に立っての外国人に対する自国語の教育をおこなうべきであっただろう」とか、「戦線の激烈化とともにに、日本語もまた狂奔して、台湾人をその民族的、歴史的精神構造の破壊にまで、おいつめてしまった。このことを充分銘記すべきである」(8)とも述べている。

全体の論調としては、台湾での「日本語教育」の成果をみていくべきだろうという提言で終わる。論文の最後は、以下のように締められている。

台湾における〈日本語〉の歴史を考察してくると、やはり、現代の文明社会では、とうていありうるはずのない、またあってはならぬ政策と方針によって、人類をも神をも冒瀆する一大破廉恥行為をしてしまったのだと結論せざるをえない。そうした一大事業が、国家の名をかりて、また経済力は武力によって、堂々とおこなわれたことに対して、改めて反省もしなければならない。直接関係がないようであるが、〈外国語教育〉との関連においては、この過去における台湾と日本語の問題を研究することは、実に今日的な緊急なものであると断言することができるのである。(9)

伊沢の教育方針を肯定し、日本語教育を「成功」と断言しつつも、「反省」するという一見奇妙な論理展開であるが、なんら「反省」のないかつての教員たちともまた異なる立場にあるともいえる。「反省」することでその「成果」を参照していくという構図である。

引用した部分からでもわかるが、杉本は基本的には台湾での日本語教育は「成功」であると断言している。しかし一方で「〈外国語教育〉との関連」への目配りがなされている点が特徴的である。

杉本は自覚的ではないが、台湾での国語教育を日本語教育へと読みかえようという傾向を感じとることができる。

そもそも、これまでの引用からもわかるように、植民地における国語教育は、とりわけその現場で教えていた日本人教員にとっては、明確に、日本人化するための国語教育であった。それをあえて日本語教育と呼ぶ必然性はなかったのである。

国語教育と日本語教育の交差点としての植民地

このように植民地の国語教育は日本内地の国語教育の延長線上に位置づけられる一方で、中国大陸などへの日本語教育の起点、あるいは始源と位置づけられてもいた。植民地の国語教育にはこうした二重性があった。たとえば、戦時中に文部省図書局国語課にあって日本語教科書の編纂に携わり、日本語教育振興会(一九四一年に日本語の海外普及のためにつくられた団体)の常任理事でもあった釘本久春(第三章第一節参照)は、「日本語普及史の諸問題」(一九四三年)で「異民族に対する日本語普及史」を以下の三期にわけ、それぞれの時期の「日本語教育を推進して来た統一原理」を示している。

(1)台湾が皇土となつてより満洲事変成起に至るまでの期間——皇国民としての化育のための日本語教育。

(2)満洲帝国の成立より支那事変を経て大東亜戦争勃発に至る期間——興亜精神滲透のための日本語教育。

(3)大東亜戦争遂行中の今日及び明日——大東亜民族の団結のための日本語教育[10]。

これによれば、台湾での国語教育は日本語教育に分類されることになるのだが、「皇国民としての化育」が目的の「日本語教育」である。

中国大陸などで日本語教育に従事した大出正篤《おおいでまさあつ》（一八八六〜一九四九年）も、一九四三年の『日本語普及の現状と将来』というパンフレットのなかで、以下のように述べている（執筆当時大出の肩書は「奉天大出日本語研究所長」となっている）。

> 我が国の日本語発展の過去に一瞥を加へるには、台湾・朝鮮まで溯る必要がある。台湾と朝鮮への我が国の国語の発展は、異民族への日本語進出の先駆をなすものであるが、その業績を一言にして言へば、「日本語発展史の初期を飾るにふさはしい成果を挙げてゐる」と言へるであらう。
>
> 然しながら、台湾と朝鮮は我が国の領域とされたがために、日本語は唯一無二の国語として取扱はれ、新附民族皇民化の大理念のもとに、日本語教育は極めて重視せられ、初等学校からあらゆる学科を日本語によつて教授し、学校教育は凡て日本語によつて行はれた。さうした結果が、台湾・朝鮮に於けるあの成果と実績を生んだのである。[11]

植民地での国語教育は、「新附民族皇民化」として国語教育の延長にあると同時に「異民族への日本語進出の先駆」という図式が示されている。

敗戦後、先に指摘した「外部化」を唱える場合は、植民地での国語教育のこうした「皇国民としての化育」あるいは「新附民族皇民化」の側面を意識的にか無意識的にか捨象している場合が多い。その結果残るのは「日本語普及」のみである。植民地教育のもつ二重性をうまく利用したともいえる。

2　植民地国語教育から日本語教育へ

日本語教育学会

そうした意味では、敗戦後にあって、植民地の国語教育を日本語教育であったと読みかえていこうとする杉本つとむの議論には、「外部化」への志向を読みとることができるのであるが、こうした「外部化」——国語教育の側面を捨象して日本語教育の側面を強調すること——を明確に主張したのは、ほかでもない台湾人であった。むしろ日本人の経験者であればどうしてもふれずにはいられない、「国民育成」に「成功」したといった側面（つまりは、国語教育としての側面）を、なんのためらいもなく切り捨てることが台湾人であれば可能であった、ということはいえるだろう。

たとえば、台湾の日本語教育学界の重鎮である蔡茂豊は一九七七年に以下のように論じる。

中国人に対する日本語教育の歴史の中で、看過してならないのは日本領台時代（一八九五〜一九四五年）の日本語教育であろう。実に、この五十年間の日本語教育は、日本が「国語」を「日本

> 語」として始《ママ》めて外国人に教える貴重な体験の積み重ねであったのである。何故なら、台湾における当時の「国語教育」は、「国語教育史」の上ではなく、「日本語教育史」上、最初のページを飾るそもそもの始まりだったのである。しかし、日本には、「日本語教育」が未だ学問として扱われていない。また「日本語教育」も「史」というほどの年功を積んでいないとみえ、未解明な部分が多い。終戦後、日本が廃墟から立ち上がり、経済による復興で世界の檜舞台に再び姿を現わすと同時に、日本語教育も過去の「政治的道具観」から脱皮して、文化交流の使命を果たす国際的教育事業になってきた。また、教授法にしても今では、もう単に外国人に、日本語を教えるということだけでなく、如何にして教えれば始めて効果が上がるかということまで研究する段階に来ている。研究発表機関としては一九六二年に結成した「日本語教育学会」が、その嚆矢となろう。「日本語教育」という機関誌を出しているこの学会は、既に十余年の歩を運んできた[12]。

『中国人に対する日本語教育の史的研究』と題されたこの著作[13]は、実際には台湾における国語教育史を仔細に論じたものである。資料的な画期性はもちろんのこと、右の引用にもあるように、「国語教育」ではなく「日本語教育」として位置づけようとしている点も大きな特徴である。

引用文中でふれられている日本語教育学会とは、一九六一年一一月に結成された「日本語教育研究会」を前身とし、翌一九六二年六月に「外国人のための日本語教育学会」と改称したものであり、機関誌『日本語教育』を刊行している。学会の名前に「外国人のための」（一九七七年三月まで）と付されている点に注意したい。

この会の中心人物は、日本語教育学会発足時には副会長であった長沼直兄《ながぬまなおえ》（一八九四〜一九七二年）という、戦前に日本語の海外普及を目的に設立された組織である日本語教育振興会で活躍した人物（一九四三年に長沼は常務理事兼総主事）であった。また長沼は敗戦後、日本語教育振興会を組織替えした財団法人言語文化研究所の理事を長く務めていることもあり、まさに「外国人のための」日本語教育をおこなってきた機関の影響が、この日本語教育学会には色濃い(14)。

そうしたこともあってか、初期の『日本語教育』の論文をみても、旧植民地における国語教育をあつかった論考はみられない。むしろ、『日本語教育』の創刊号に寄せた、理事である前出の釘本久春（元文部省国語課長、東京外国語大学教授）は、この機関誌の誕生によって「日本語そのものを、いわば外国語として客観的に検討し研究していく意欲の成果」を自由に発表でき、「日本語を世界各国の人々に教えるという、地味ではあるが重要な仕事の意味と価値とを、少数の有識者以外はまだ見落としている日本の社会一般に、この機関誌は示し得る」など、「世界各国の人々に教える」という意義を強調している(15)。釘本は先に引用した「日本語普及史の諸問題」（一九四三年）の著者であるが、そこでの議論などなかったかのように発言し、国語教育（史）への視線も感じることはできない。

ようやく一九八〇年になって機関誌『日本語教育』に「台湾の日本語教育事情」という報告が掲載されるが、これは、一九六三年に設けられた、大学（中国文化学院東方語文学系日文組）レベルでの日本語教育の紹介からはじまっているように、同時代における台湾の日本語教育事情を述べたものである。この間、公的には日本語教育がなされていなかったということである。ともあれ、この論文の注で蔡茂豊の著作（正確には博士学位申請論文）への言及があり、そこでは「〔植民地期を〕国語教育としてではなく、外国人に対する日本語教育として扱った点に注目したい」と記されている[16]。大出のいう「新附民族皇民化」がこのようにいいかえられてしまうのである。

また一九七二年の日中共同声明の結果、台湾と日本の外交関係が断絶してからしばらくは日本語学科の設置が認可されない時期があったものの、一九八〇年代になって変化がみれるようになったという[17]。

日本語教育史の脱歴史化

このように、「日本語教育」の歴史として植民地国語教育の側面を組みこむことは、あえていえば日本語教育史の脱歴史化である。

つまり、植民地では基本的・理念的には国語教育がおこなわれていたはずである。しかし、現実的には日本語教育として対象化しなければ対処できない事態もあり、国語教育的側面（国民教化という理念的側面）と日本語教育的側面（技術的側面）が混在していたといってよい。混在、というよりも、国民教化という理念的側面がかなり強く作用していた。それはたとえば、すでに第二章第三節で引用した朝鮮での初等教育を描いた『半島の子ら』で飯田彬が示したような、「国語」を「日本語」といってしまって大いに落ちこむ児童像にも反映されている。

国文学者の久松潜一（一八九四〜一九七六年）も、一九四一年に「国語教育は自国語としての日本語の教育であるが、それは言語の教育であるとともに、国語を通して国民精神の陶冶が行はれ」るとしたうえで、そうした「国語教育の原則は外地に於ける日本語教育の場合、もしくは外国人に日本語を学習せしめる場合にも厳守せらるべきであり、さういふ点から見て国語の伝統の上に立脚し、純正なる国語を学習せしめることは最も必要である」と論じている[18]。こういった言説が主流であったことを鑑みても、敗戦後の日本語教育と連結させるには、かなり慎重な議論が必要である（敗戦後の日本語教育も同化的である、という自覚に立ったうえでの接続である、というのであればそれはそれで一つの見識ではあるのだが）。

技術的側面の「成果」の強調

ここでみてきた一九六〇年代の議論とは、言語教育の技術的側面による「成果」をとりあげているわけであるが、その原因として、かつての教員たちは、技術的側面にも増して理念的側面を強調する。したがって、日本における国語教育にも効果があるのだ、と論じることにもなる。先にみた豊田国夫は、そもそも国語教育の理念を植民地に適用することの是非を問うているのであり、植民地で教員をしていた木村万寿夫と議論はかみあうはずがない。

一方でこうした議論の構図には乗らずに、技術的側面からくる「成果」だけに着目して、日本語教育史を脱歴史的に作ろうとしたのが、蔡茂豊であったといえるだろう。

魚返善雄が、台湾領有初期に刊行された『国語入門』をとりあげて論じたことはすでに述べたが、その後も、とりわけ近年になって、領台初期に刊行された日本語教材の検討がなされていく[19]。そのこと自体にとくに問題があるわけではないが、歴史的背景を除外して技術面だけで評価する魚返のような姿勢は妥当とはいえない。それでも、かつての「成果」を現在に「役立てる」といった方向で語る傾向は、現在の日本語教育史研究のなかで消えることはない[20]。

3 植民地朝鮮の国語教育の語り直し

台湾では国語教育の起源は、くりかえしになるが、台湾総督府学務部長の伊沢修二が一八九六年に開いた芝山巌での講習にある。それはのちの日本語教育史がいう日本語教育の起源と一致するのであるが、朝鮮の場合は、一九一一年の日本による韓国併合が国語教育の起源であるものの、日本語教育という側面からみれば、それより以前にさかのぼることができる。戦前の論文においては、

〔……〕朝鮮は韓国の昔から我が国と交渉が深く、地理的にも一衣帯水の近くである為に、日本語の学習は夙くから行はれ、初等普通教育に於いてさへ、明治三十九年〔一九〇六年〕以後の統監府時代にはもう取り上げられてゐた。しかし国語教育と称せられるものは、やはり明治四十三年〔一九一〇年〕に併合が行はれて、総督府が置かれ諸制度が確立されてからのことに属する[21]。

というように、あきらかに線引きがなされており、主眼は「国語教育」の内容に置かれている。

一九四五年に日本の植民地統治は終わるが、その後朝鮮は南北に分断され、朝鮮戦争を経るなど、過酷な近現代史を歩むことになる。朝鮮民主主義人民共和国においても、大韓民国においても、日本

語が公的に教育されることは、しばらくの間なかった。しかしながら、大韓民国の場合をみてみると、日韓基本条約が締結されたのは一九六五年のことであるが、一九六八年には四年制大学としてはじめて韓国外国語大学に日本語科が設置され、一九七三年から韓国の高等学校の外国語の正式科目となると、大学の日本語学科も増設される、といったように、日本語の教育が盛んになっていく。[22]

この流れをふまえて、「韓国における日本語教育の歴史」が日本人によって一九八二年に書かれる。朝鮮時代、開化期（前・後期。後期は統監府時代）、日本統治期、第二次世界大戦終了後と時期区分して論じているが、植民地期以前に出発点を置き、紙幅も割かれている。ただ、日本統治期との接続の仕方は、「1910年8月、日本統治の開始とともに日本語は「国語」とされた」とあっさりとなされる。[23]この論文を書いた森田芳夫（一九一〇〜一九九二年）は朝鮮に生まれ育ち、京城帝国大学法文学部史学科を卒業後、朝鮮における総動員組織である緑旗連盟や国民総力朝鮮連盟において中心的活動をなす。敗戦後は日本人の引揚げ業務にたずさわり、その記録は、外務省勤務のかたわら、『朝鮮終戦の記録』（巌南堂、一九六四年）としてまとめられた。在韓日本大使館参事官で外務省退職後は韓国の誠信女子大学で日本語教育に携わった。[24]この論文も大学在職中に書かれている。

また、稲葉継雄は一九八六年に論文「韓国における日本語教育史」を著し、「35年にわたって日本語が植民地支配者の言語であったという厳然たる歴史」をふまえ、時期区分を、「外国語」教育期（一九〇五年以前）、「日語」教育期（一九〇六〜一九一〇年）、「国語」教育期（一九一〇〜一九四五年）、「第二外国語」教育期（一九六一年以降）としている。[25]教科目名による外形的な区分ではあるが、一九一〇年から四五年までが「国語」教育であったことを刻印している。

先の蔡茂豊の本が一九七七年の刊行であったことを考えると、それぞれの地域で日本語教育が「再開」されたことをふまえ、一九八〇年前後に日本語教育史の一部として植民地の国語教育が組みこまれていったとみることができる。

韓国の高等学校における日本語教育の制度的変遷や政治経済的背景、および教材内容の分析をおこなった金賢信によれば、高等学校における日本語教育の実施は、日本との経済的関係の深化を求めたためであり、教材の内容も、日本の理解というよりも韓国の国民教育的色彩が濃かったという[26]。日本語教育史を論じるときには、こうした背景を認識する必要がある。また、韓国にせよ台湾にせよ、日本の敗戦後、公的に日本語教育がなされていなかった時期が長いのだが、この一九八〇年前後に、日本語教育史の整序がなされていったといってよい。それは、日本以外の国での日本語学習者の増加が「日本語の国際化」などという文脈で、日本において語られだしたこととも無関係ではない。

先の稲葉継雄の論文が掲載された雑誌『日本語教育』は「日本語教育史」の特集号であったが、通史的記述がなされているわけではなく、個別事例を集めたものであった。一九九七年にようやく書籍として日本語教育史が描かれることになる[27]。学問として成り立つようになったということでもあろうが、植民地教育としてはじまり、敗戦後に再編されていく日本語教育史の背景を忘れてはならない。

ちなみに、最新の韓国語による日本語教育史は、はるか李王朝時代から、時期区分を典拠とする法令の名称によっておこなっている。つまり、「経国大典期」(李王朝期)、「学部令期」(大韓帝国期)、「朝鮮教育令期」、「教授要目期」、「教育課程期」である[28]。歴史記述としての客観性が出てくるのかもしれないが、かつての植民地で国語教育を受けた側が、それをどうとらえていくのか、ということと、国語教育をおこなった側が、それを日本語教育史に接続していくことのもつ意味は異なっていてよい。

4 植民地教育史としての国語教育史

また、日本語教育史に植民地の国語教育が組みこまれた一方で、国語教育史のなかに植民地の国語教育が組みこまれなかった、という事実には敏感であるべきだろう。これは「国民」という概念を好き勝手に解釈していった結果もたらされたものである。

こうして歴史的文脈から切り離されてしまった植民地の国語教育を、それとして学問の対象とするには、植民地教育史という分野の登場を待つしかなかった。その先駆的なものとして、植民地期の台湾と朝鮮の教育政策を比較した弘谷多喜夫・広川淑子の一九七三年の論文[29]や、「日本語教育政策」として「強制的普及(=言語侵略)」がなされた地域を「国語としての日本語」の植民地、第一国語の位置を占めていた「満洲国」、「東亜語としての日本語」の位置にあった中国大陸・軍政下東南アジアと区分して論じた小沢有作の一九七一年の論文[30]などをあげることができる(小沢の区分は先にみた釘本久春「日本語普及史の諸問題」(一九四三年)と変わらないが、結果としてこうなるのは必然である)。

それでもやはり、ここまでみてきたように、植民地国語教育経験者の内地への再配置という事実があることもふまえて、国語教育史の一分野として植民地国語教育が定位されるべきだと思う。

そしてまた、国語学あるいは方言学という分野では、「日本統治下の日本語ならまだしも、日本統治が終了してのちの日本語をこれまで研究してこなかったのはある面当然だが、視野の狭さを批判されてもしかたがない[31]」のであるが、ようやく一九九〇年代になってこうした方面への関心が一部で起こっているようである。ただし厳密にいえば、こうした分野は「社会言語学」と称されて、国語学や方言学とは区分されているのではあるが。

「かれらの日本語」にしても、完全に他者化できず、「わたしたち」と不即不離のものとして存在しているのではないだろうか。そうであるからこそ、ある種の「懐かしさ」まで感じるようになるのであろう。現状においては完全に他者のものとみるべきだ、というのがわたしの主張ではあるのだが、その発生状況を認識するためには、国語教育史の一分野として植民地国語教育を位置づけておかねばならない、ということである。

第六章 「かれらの日本語」、その後——一九九〇年代以降の議論

1 「消えゆく」ものとして

すでにみたように、一九三〇年代以降「台湾方言」と称された「かれらの日本語」は、その後も話されつづけ、一九六〇年代に「発見」されていった。それが、日本語が「生き残っている」といったようなノスタルジー丸だしの記述によって、この間の台湾の状況への顧慮なしに語られている、ということもすでにみた通りである。

しかしながら、一九六六年に吉原保が示したように「日本語は特殊な人々の言語として生き残る以外やがて民衆の口頭から消え去るということは、歴史の変遷の中にたどる民族と言語の必然的運命として、残念ながらあきらめなければならないであろう(1)」という状況になっていく。あるいは、一九六四年に「親善登山」をおこなった芳野菊子は「山胞〔原住民〕の場合も若い世代への北京語の普及はめざましく、遅かれ早かれ日本語は過去のものとなっていくであろう」と予測していた(2)。

元台湾総統・李登輝の話す日本語や、本書「おわりに」でふれることになる孤蓬万里編『台湾万葉

集』の短歌を詠むための日本語、そして『台湾俳句歳時記』で知られる黄霊芝の俳句の日本語は、いまとなっては例外的なものとなりつつある。それにともない、一九六四年に岩崎玄が驚いたような「昔の日本」も、徐々に姿を消していくわけである。

その後台湾は、一九七五年に蔣介石が死去、第二代総統となった蔣経国は一九八七年に戒厳令を解除し、翌年死去。副総統であった李登輝が総統となる。台湾本省人である李登輝の総統就任は、「台湾化」の大きな画期となったといえるのだが、対日関係からみると、

日本統治時代に高等教育を受け、京都帝国大学への留学経験を持つ李登輝は、流ちょうな日本語を操り、それまで政治的にタブーであった「親日的」言論や、中国のみならず中華文明そのものへの鋭い批判を展開して、国会議員を含めた多くの日本人訪問客を魅了した。また、李登輝周辺のブレーンには日本語を話す日本通も多かった。なによりも李登輝は日本のメディアをアジアで最も上手に利用し、国会議員や各界の要人に対する「招待外交」を最も成功させた政治家であった。このため、李登輝の総統就任後に、日本において李登輝シンパは急速に増え、台湾に対する認識や好意も強められたのである。(3)

といった評価が下されている。こうしたなかで、李登輝が駆使する日本語に接し、日本側からも、かつての日本語への言及がよりしやすくなったと推測できる。司馬遼太郎と、旧制高校風とされる日本語を話す李登輝総統との対談が『週刊朝日』に掲載されたのは一九九四年のことである(のち『街道

をゆく40　台湾紀行』に転載）。

そしてまた「おわりに」で詳しくとりあげるが、一九四五年以降も台湾人が連綿として日本語で短歌を詠み続けていることが『台湾万葉集』という形で日本で注目されるようになったのも、一九九〇年代のことであった。その意味でいえば、かつての日本語がいまなお使用されているという文脈で、日本で「あらためて再発見」され、「かれらの日本語」への注目が再度高まったのが、この時期であったと考えられる。

2　再確認される言語使用――記述の対象へ

一九六〇年代の台湾で使用されている日本語に関する議論は、すでにみたように、台湾でいまなお「正しい」「立派な」日本語が使用されつづけていることへの驚きが前面に立ち、あるいはかつての教員がその教育法の正当性を示すために、都合のよいように利用されていたとみることができる。そしてまた不思議なことに、「かれらの日本語」が徐々に姿を消していくといった予想をしていたにもかかわらず、それを具体的に記述していくことはなされなかった。

言語学者・国語学者たちの研究の対象にならなかった、という事情や、姿を消すのはまだ先のことだろう、という楽観的な観測があったからだとは思われるが、そうした状況ではなくなってきたのが、一九九〇年代である。かつて日本語を習得した世代がどのような意識のもとで、またどういった場面において使用しているかという観点からの研究がなされるようになってきた。(4) つまりこの時代の議論の特徴として、一九六〇年代とは異なり、具体的な言語使用に関する記述が増えている点をあげることができる。

そしてまた、一九六〇年代は植民地期の教育の「成功」が強調されたのに対して、一九九〇年代の議論には、そうした傾向はみられない。「日本人にするための教育」だった、と経験者が素朴に断言できた一九六〇年代とは異なり、研究の進展によって植民地教育の評価に関する政治性への認識が高まった結果であろう。「成功／失敗」といった文脈で、少なくとも日本の側であえて議論することはなかった。かりにそうした用語を用いるにしても、台湾の歴史に沿って相対化された概念として「成功」を使っている。(5)

それが研究者の「たしなみ」であるかどうかはともかく、このことが、いわゆる「自由主義史観」の生じるひとつの原因であった。たとえば、日本語を習得することは、決して「日本人」になるためではなく、社会的上昇の手段のひとつであった、ととらえることも可能である。それを、かれらの主体的選択と受けとるか、それしか選択肢を設けなかった植民地権力側の抑圧構造のあらわれとみるか、その両者が入り混じった状況であったととらえるか、非常に繊細な問題である。ところが、その繊細さを無視して一方的評価をしていくのが「自由主義史観」であるといえるだろう。「現代的視点から言えば、植民地支配は決して許されるものではない。しかし、その間に成功と言っても過言ではないような日本語教育が行われていたのも事実である(6)」といった記述が、「歴史的意味」を考察する、と称するなかから発せられてしまうのは、大きな問題をはらんでいる。

日本統治時代における台北在住「台湾人」の日本語使用

使用者	言語変種	使用相手	使用場面
日本語学習経験がある「台湾人」	「台湾人」標準日本語	日本人・「台湾人」	公的
	「台湾人」俗日本語	「台湾人」	私的
日本語学習経験はないが、日本人と接触する必要のある「台湾人」	ピジン日本語	（　　　）	（　）

その意味でも、陳培豊が、植民地国語教育に関して植民地権力側は「民族への同化」を求めたのに対し、台湾人側は「文明への同化」つまり、日本語を「文明」を吸収するための手段として学習した、と論じている「同化の同床異夢」という構図も[7]、さまざまな解釈を呼び込んでしまう余地がある。

一九六〇年代は、「古い時代の日本」、「失われた日本」をとりわけ日本語使用のなかに見出していたことはすでに指摘した。一方で、本書冒頭でも述べたが、一九九〇年代以降「日本語世代」の人たちが、日本時代を懐かしみ、日本語で本を書き、「日本人よ奮起せよ」「われわれを忘れてくれるな」と唱えるようになった。台湾人は、「日本人よ、日本精神を持て」という形で、失われた「日本人の誇り」を指摘する側になる、というやや皮肉な状況になっている。日本側が自ら気づくのではなく、気づかされるという構図である。そしてこのことを利用し、日本側が「日本人の誇り」として書籍化していることもすでに述べた。

さて、台湾人の話す日本語を記述していった一例として、合津《ごうづ》美穂の一連の論文をみてみよう。一九九〇年代後半に台湾で高齢者の用いる日本語に着目して調査をした合津は、第三章でとりあげた福田良輔「台湾に於ける国語の二つの姿（上）」を導きの糸として、当時どのようなときにどのような日本語を使っていたかといった使い分けのあり方を中心に意識調査をおこなった。その

「先行研究及び面接調査の結果から、日本統治時代における台湾市在住「台湾人」の日本語使用」について、二〇〇〇年発表の論文では、前頁のような表を作成している(8)。

この表でいう「「台湾人」標準日本語」は、福田が記録した「学童用語の国語」を意味し、「「台湾人」俗日本語」は、おなじく「破格の国語」を意味するものといえるだろう。

先の福田の論では、「学童用語の国語」と「破格の国語」が入り混じるなかでまたひとつの体系をもった変種が登場するのではないかといった推測がなされていた。合津のいう「ピジン日本語」をそれに相当するもの（使用実態が確認できなかったとして空欄になっている）とみることができよう。

合津はさらに二〇〇二年発表の論文でインタビュー記録を公開し、仔細に検討を加え、右の表を補強するような議論を展開していく。そのこと自体になにか問題がある、というわけではない。しかしながら、結論部を引用して、こうした研究がもつ問題点を指摘したい。

現在、漢族系台湾人高年層が使用している日本語は、日本人以外の民族集団で使用されている民族方言であり、日本国外で使用されている地域方言とも位置づけられる。日本統治時代を生きた人々の高齢化が進むなか、漢族系台湾人高年層における日本語は、まさに消滅の危機に瀕する日本語の一方言であるといえよう。日本語教育史研究上のみならず、言語学的見地からも、漢族系台湾人高年層が使用している日本語の記述的研究を進めることは、焦眉の課題であると考える(9)。

台湾でいま現在も日本統治時代に習得した日本語を話す人たちがいる。その人たちの話すことばを

「地域方言」と位置づけるのは、一九四〇年代に「台湾方言」を設定した寺川喜四男と同様の視点である。「方言」というひとつのまとまった体系とみなすことは、なにかからの逸脱、つまり「誤謬」ではないことを保証する表現であり、それはまた「体系」であることによって言語学あるいは日本語教育学といった「学問」の対象となっていく。

そうしたなかで、「学問」の対象がいまや急速に消滅の危機にあるとなれば、なにはともあれ記述しておかねばならない、となるのが近代記述言語学の宿命であるから、歴史的側面はとりあえずおいておいて、まずは記述、といった有無をいわさぬ流れとなっていく。それは、先にみたように一九六〇年代にすでにその消滅が予言されていた「かれらの日本語」が、現実の「消滅の危機」に直面したときにこそはたらく力学であり、そうなってこそはじめて学問的な関心の対象になる、ということでもある。

合津は場面による使い分けといった、きわめて仔細な調査をおこなったのであるが、漢族の場合のみならず、原住民社会での日本語の使用状況についても、たとえば中野裕也による観察（ルカイ族の村）がある。そこでは、「高齢者同士でも往時を懐かしんで日本語を使用」し「村民間でも日本語を話すことによって日本語能力が維持されてきた[10]」とする一方で、具体的に話される日本語が簡略化、単純化される傾向があることも指摘している[11]。注(10)の中野の論文タイトル（「台湾原住民村落内に残存する日本語」）からもわかるが、こうした日本語は国語教育の「成果」が「残存」しているという観点であることを指摘しておきたい。

3　日本語クレオールという問題

クレオールの「発見」

こうした「残存」という視点に変化が生じたのが、二〇〇〇年代のことであった。

日本語方言学者の真田信治と簡月真が、台湾宜蘭県大同郷寒渓村と南澳郷の東岳村・金洋村・澳花村でタイヤル族の話すことばを調査し、「日本語クレオール」という名称を与えたことにはじまる。

真田・簡による論文「台湾の日本語クレオール」には、「日本語クレオールの発見」という節が設けられ、そこでは、「台湾における残存日本語の運用状況を調べるため」に、文部省科学研究費特定領域研究「環太平洋の「消滅の危機に瀕した言語」に関する緊急調査研究」の一環として台湾東部の花蓮で二〇〇一年八月にフィールド調査をおこなったのだが、その際「宜蘭のアタヤル〔タイヤル〕人の集落で日本語の変種が日常生活で普通に使われている、小さい子供でもその変種を使っている」という情報を得た。さっそく、その宜蘭県南澳郷澳花村に赴いたものの、「日本人調査者に対しては日本語で、台湾人調査者に対しては華語で対応されるため」、その変種の確認はできなかった。重層的な言語使用構造になっているため、その実態が外部にはみえにくい、ということである。この状態の打破のひとつの転機が、真田の共同調査者であった簡月真が二〇〇五年八月に花蓮にある東華大学原住民民族学院に就職したことであった。以降、宜蘭出身の学生への取材などで、「日本語クレオールの存在が確認」されたという[12]。

これについては、台湾原住民諸言語の記述を一九六二年以来おこなってきた言語学者の土田滋も、「これまで名前だけは聞いたことがあっても実物には接したことがなかったクリオール、それも日本語がベースになってできた珍しいクリオールがこの台湾にあることも、最近になって判明した」と二〇〇八年に述べている[13]。

土田の指摘のように、日本語を話すタイヤル族がいる、という話は比較的知られていたようである。たとえば蔡焜燦は、以下のように述べている。

ちなみに台湾の原住民が暮らす山地や東部では、今でも日本語を他部族とのコミュニケーションに使っているところがあります。それだけでなく、宜蘭県には村全体が日本語を使って話すタイヤル族の村もあるんですよ[14]。

それを「日本語」としてではなく、「日本語クレオール」として（後述するが真田・簡はさらに近年になって話されている地域の名称をとって「宜蘭クレオール」と称するようになっている）とらえ直そうという動きが出てきたということである。その流れからすれば、たとえば酒井恵美子の以下のような観察における「日本語」は、「日本語クレオール」ということになろう。

〔……〕植民地時代に日本語教育を受けたその次の世代が日本語を習得し、使用しているという話もたびたび耳にし、また、実際に観察をする機会にも恵まれた。1993年に宜蘭県南澳村のタイヤル族の集落で3歳の少女が「どこ行く」と話しかけてきたときは驚き、また、このことを実感した。(15)

噂としては聞いていたがその実態がわからない、とすれば人々の興味をひくのは当然ともいえる。酒井は実際に調査をするのであるが、これを「クレオール」とみなすまでには至っていない。

ここでは「かれらの日本語」の新たなとらえ方として、「日本語クレオール」をとりあげていくことにしたい。これは実態としては、福田良輔がかつて、「本島人の用ゐる国語」と「標準語的な国語」、「内地の方言」、「台湾に於ける内地人の言葉」との「相異が助長され丶ば、支那人と英国人との間に発生した支那英語(Pidgin-English)のやうに、それ自身一つのまとまつた言語体系を有する国語の変種を形成するであらう」(16)と推測した、「それ自身一つのまとまつた言語体系を有する国語の変種」が現実に存在した、ということになろうか。クレオールの定義からすれば、その変種が母語となる世代が登場しなければならないのであるが、真田・簡の調査はそうした世代の存在を証明しようとしたものであった。

真田・簡は、「日本語クレオール」発生の起源を、調査時現在七〇歳代の世代(高年層)の親の世代が話していた「簡単な日本語」に置いている。(17)この「簡単な日本語」とは、福田良輔のことばを借りれば「破格の国語」であろう。そして、この地域で「日本語クレオール」が発生した原因を、日本

高年層		中年層	若年層
70歳以上	70歳以下～60歳	60歳以下～30歳	30歳以下
（アタヤル語） 日本語 日本語クレオール	（日本語） 日本語クレオール （華語）	日本語クレオール 華語	（日本語クレオール） 華語

（　）は全体的に当該言語がほかの言語ほど使われない、もしくは使えないことを示す。

による移住政策によって異なる集落出身者がひとつのコミュニティを形成せざるを得なくなった点においている。[18] この点については、台北帝国大学文政学部土俗人種学研究室（主として移川《うつしかわ》子《ね》之蔵《のぞう》教授・宮本延人助手・馬淵東一嘱託）による「高砂族」系統分類調査のなかでも、この「南澳蕃」がとりあげられていることを指摘しておきたい。この「南澳蕃」自体行政上、地域的名称であって、そのなかはタイヤル族のなかのおおよそ三系統の四つの「部族」（メバアラ、マネボ、タウサ、カナサクル）に分かれ、それぞれがここに至る移住の「口碑」（口伝）をもっており、口述者からの聞きとりが記載されている。しかしながら、「領台後官庁が政策上、平地及び海岸地帯への移住を勧誘した結果」、このような状況に至ったという。[19]「勧誘」とあるが、実際には山岳道路沿いに設置された駐在所の近くに強制移住させたものであり、効率的な管理のためのものであった。台湾史研究者の近藤正己によれば、こうした「集団移住」によって「蕃社」の合併もおこなわれ、その数は一九三一年から一九四〇年にかけて五五〇から三六八に減少しているという。その結果余剰が出た巡査は、警備から住民教化にまわることになった。[20]

とすれば、現在かれらがタイヤル語を話せなくなったのは、日本の植民地支配に遠因がある。

そのうえで、真田・簡は、「日本語クレオール」の話者の世代を、上の表にまとめている。[21]

この表は、真田と簡が調査から導いたものである（「華語」とは台湾の学校で教育される「国語」すなわち標準中国語のことを指すと思われる）。これにしたがえば、確かにピジン言語が母語化したのがクレオールである、という言語学での定義にかなった変種として「日本語クレオール」を位置づけることは可能である。

台湾の「日本語クレオール」の全容は調査中というが、いくつかの特徴が報告されている。たとえば、

anta bla（「あなた元気?」 日本語、アタヤル語）
saing koto to utux meymey（二 兄 と 一 妹 アタヤル語、ビン南語、日本語、アタヤル語、北京語）
wahataci isyo bang mami tabe te benah miyeru（「私たち一緒にご飯を食べて星を見る」）(22)

などである。

実は先述の土田滋は、一九七九年から一九八〇年にかけて三四のタイヤル族の村をまわりタイヤル語の方言調査をおこなっていた。その際、のちに真田・簡が「日本語クレオール」の話者がいるとする宜蘭県大同郷寒渓村でも調査をしていた。その後も一九九四年から翌年にかけて台湾の中央研究院歴史語言学研究所所長の李壬癸も同地で調査をおこなったが、「そのようなピジン語あるいはクリオール語が寒渓村で行われていたという事実は、土田・李壬癸ともにまったく気がつかなかった」と

して、その理由を、「インフォーマントとして年寄りのみを探し、若い人たちがどのような言語生活をしていたかについてまったく注意を払わなかった」こと、および「方言調査は、ごく短期間に限られた量の単語や文を集めなければならず、滞在日数が足りなかったために若い人たちとの接触がほとんどなかった」ことに求めている。(23) 真田・簡の右の表によれば、寒渓村においては、いま現在の七〇歳以上の高齢者のなかでもタイヤル語は積極的には使用されていないというから、「日本語クレオール」の話者であったと思われるかれらは、いまから三十年以上前の土田の調査時点で決して「年寄り」でないために、インフォーマントとならなかった可能性が高い。また、タイヤル語の方言調査という前提であるから、どうしてもある単語に相当する単語を聞きとることに重点が置かれるのは、仕方ないともいえる。あるいは先に記した重層的な言語使用構造に阻まれた可能性もある。

ともあれ、土田によれば、この「日本語クレオール」の「発見」の経緯は、真田たちとはまた異なるものであった。調査中であった、タイヤル語とは別の系統に属するサオ語（Thao）の言語資料をインターネットで探していた二〇〇七年四月末に、「〔行政院〕原住民族委員会のホームページ」に「43にのぼる台湾原住民諸語の各方言についての基礎語彙と日常会話資料があることに気がつき」、そのなかの「泰雅語〔タイヤル語〕寒渓方言」が「単語は日本語、アタヤル語、それにわずかの中国語が混ざり、そして語順も日本語だがところどころにアタヤル語的な語順が現れる、という奇怪な言語」であることに驚いたという。土田は「それはただの間違い」だと思ったそうで、語彙表を作成した人たちが勘違いして「アタヤル語の代わりに日本語を入れてしまったのだろう」と思ったほど、タイヤル語の方言とは呼べないものだったのである。

そうしたなか、真田・簡が、そのフィールド調査の途中経過を二〇〇七年五月開催の日本語学会で報告することとなり、「そのことではじめて、この言語が勘違いでできあがったものではなく、日本語をベースにしたピジン、あるいはクリオールなのだということを、おそまきながら悟った」という[24]。

土田たちの論考は、インターネット上で得られた情報からの判断であり、音声データも、インターネットから取得したものである。土田は「それらの音声データを聞くと、イントネーションはアタヤル語のそれらしいことがわかって、まことに興味深い」と記す[25]。

真田たちが「残存日本語の運用状況」に興味があり、一方の土田たちはあくまでもタイヤル語の方言調査であったとすれば、前者が近道を行っていることにはなる。

日本語クレオールという政治

土田たちが見つけたホームページは「〈民国〉九十六学年度〔二〇〇七年〕原住民学生昇学優待取得文化与語言能力証明考試之試題範例及練習計画」と題されたもので、原住民学生の入試優遇政策の一環である学生言語テスト（「学生昇学優待取得文化与語言能力証明考試」）の例題と語彙集である。もともと、「原住民族の子弟が大学や専門学校、高校などを受験する際、自動的にその得点に25％の加点が行われていたが、2007年度からは学生言語テストを受けなければ加点されなくなった」のだが、一三族四三方言を対象としたこの学生言語テストは、二〇〇七年三月に第一回試験が実施されることとなった。試験は、台湾全体での「郷土教育」の一環としての「母語教育」のために編纂された小学校から中学校九年間で学習するテキスト（オンラインで公開されているという）のうち、小学校一年生から三年生で学習する内容と基本語彙、日常会話からなるという。六割の得点で合格であり、大学受験の点数に三五パーセント加点されるという[26]。

この試験は原住民のみの受験が可能であるが、それとは別に二〇〇一年から実施されている「原住民族語言能力認証考試」は当該言語の教育能力の認定試験であって、だれでも受験できるという[27]。問題は、この試験のなかに「泰雅語寒渓方言」がふくまれていない、という点であった。この試験での「泰雅語寒渓方言」のあつかいを追った安倍清哉たちの論文によれば、こうしたあつかいに抗議行動がとられ、二〇〇六年四月には台湾で新聞記事にもなっているのだが、いままで一度もこの試験は実施されていないという。二〇〇七年一〇月ごろからは、はじめに土田が閲覧した、語彙などが載っていたホームページの閲覧ができなくなったそうである（本書執筆時においては、ホームページの閲覧は可能であったが、「泰雅語寒渓方言」の確認はできなかった）。内部情報によれば、「原住民族委員会では寒渓周辺一帯のクリオールを正当な原住民語として認定できないという決定がなされた」からだという[28]。

一方で、「学生昇学優待取得文化与語言能力証明考試」には「宜蘭寒渓方言」として登録がなされている。しかし、教育者養成のための試験をおこなわないということは、その言語を衰退にまかせるということであって、現在では寒渓村の社区発展委員会が原住民族言語としての認定を要請しつづけているという。なぜ原住民族委員会が寒渓方言をそう認めないかというと、「寒渓方言に日本語語彙が多数見られる」からだ、という[29]。

言語をめぐる政治がここにあらわれているといえよう。言語学者は「純粋に言語学的に言えば寒渓村で話されている言語がアタヤル語の方言とは言えないであろうから、今後、一つの独立した言語として認められるようになるのかどうか、興味をもって見守っていきたい」[30]というしかないであろうが、こうした語学試験が「母語教育」という大枠のなかでなされている以上、国家のおこなう言語教育政策との整合性が問われつづけることにならざるを得ない。「日本語語彙が多数見られる」から「正当な原住民語として認定できない」という話が真実であるならば、新たに「日本語」が「原住民語」として認定されないかぎり、つまり、「日本語寒渓方言」として認定されないかぎり、語学試験としての存立はないであろう。

そういった多少微妙な立ち位置にあるのに、研究者の側が、「日本語クレオール使用者の若者が、日本へ遊びに行った時に日本のテレビ番組を見て大体理解できてびっくりしたというエピソードがよく話題にのぼる」[31]などと記している。「エピソード」にしても、どういったテレビのことばを聞いて、どのように理解できたのか、という検証は必要であろう。そもそも、この「エピソード」の信憑性が高いとすれば、「日本語クレオール」と「日本語」を区別する点はどこにあるのだろうか。「やっぱり日本語ではないか」ということで試験の制度からは外されていくことになりかねない(そのことの是非はともかく)。

内実を問わずに形式だけ問うのであれば、「泰雅語寒渓方言」としてタイヤル語のなかにとどまることで、制度の適用を受けることは十分に可能であろう。つまり、あくまでもタイヤル語の「寒渓方言」ということであれば、試験の実施可能性はあると思われる。そこで言語学的に「日本語ベース」

である、と「日本語」を強調してしまうと、また別の政治が入りこむ。したがって、のちにふれるように、「日本語」を強調しないために「宜蘭クレオール」と真田たちは称していくのだろうが、「方言」ではなく、クレオールであるとすることは、新たにひとつの「言語」を認定することであるから、試験という行政制度に、少なからぬ影響を及ぼすことはまちがいない。「方言」であれ「クレオール」であれ、「かれらのことば」であることはまちがいないのであるから、認証のあり方については、慎重であるべきだろう。「寒渓方言話者にとって、日本語がどんなにたくさん入っていようとも、自分たちの使っている寒渓方言は両親から教えてもらった自分たちが守るべき母語であり、族語として認めてもらえることを心から願っている(32)」と述べる話者のひとり、方喜恩のことばは、重要である。

こうした主張と、真田・簡の、「この言語変種は日本語とアタヤル語との接触によって生まれた独自の体系を持つ、あくまで一つの言語である。その点も含め、話者の言語権を尊重する立場で研究を進めていきたいと思う(33)」といった決意とがうまく合致していけばよいのであるが、「泰雅語寒渓方言」の認知の問題が浮上したのは、二〇〇〇年に国民党から民進党へと政権交代がおこなわれた結果であるから、言語の認知がつねに政治にさらされているということには、やはり意識的であるべきだろう。これは「言語」であると声高に主張するばかりではなく、「話者の言語権」をどのようにとらえるのか、といった視点が必要なのではないか。国家に認定してもらう、というレベルなのか、入学試験での優待を得る、というレベルなのか、言語学的な研究がそれにどう利用されていくのか、といったさまざまな位相での議論が欠かせない。

4 「日本語クレオール」から「宜蘭クレオール」へ

名づけの政治性、という点について述べておけば、真田・簡は、二〇一〇年になって、「日本語クレオール」ではなく、話されている地域の名前を冠した「宜蘭クレオール」と名称を変更した。つまり、日本語ベースである点を強調しないようにして、あくまでもひとつの「言語」であることを強調するようになったのである。「地名＋クレオール」という命名の仕方は、たとえば「ハイチ・クレオール」などがあるように、一般的なものに従ったとみることができる。

さらに、真田・簡を編者にふくむ『改訂版　社会言語学図集』では新たに「宜蘭クレオール」という項目が設けられている。教科書的な書物に項目を立てることは、「宜蘭クレオール」の認知を強烈に求めていることを意味していよう。たとえ、「宜蘭クレオール」であるにしても、それはやはり話者の視点というものがない場合には、本書で「かれらの日本語」という見方をすることで浮かびあがらせようとしてきた構図がくりかえされ、強固になるだけのように思うのである。

ともあれそこでは、

台湾東部の宜蘭県の山間部に、現地のアタヤル（泰雅）語と日本語との接触によって生まれた新しい言語変種が存在する。報告者〔真田・簡〕が後に宜蘭クレオール（Yilan Creole）と名づけたこ

Table Present conditions of usage of Yilan Creole

elder generation		middle-aged generation	younger generation
above age 70	age 60-69	age 30-59	under age 29
(Atyal)	(Japanese)	Yilan Creole	(Yilan Creole)
Japanese	Yilan Creole		
Yilan Creole			

＊Languages given in brackets ( ) are less used or not used

の言語変種は、日本語をベースとしたものであるが、アタヤル語の要素が多く取り込まれ、また中国語などの要素も加わった、独自の体系を持った「言語」である。

　宜蘭クレオールは主に宜蘭県の寒渓村と東岳村、金洋村、澳花村に住むアタヤル人によって用いられている。その使用には、地域差や個人差も存在しているが、当該地域での言語運用の傾向をおおまかにまとめると、表のようになる(34)。


との定義が下されている。ここで示される表は上の通り。

　これは先の二〇七頁の表から「華語」を除いた表とみてよく、ピジン言語が母語化してクレオールとなる、とする一般的な定義があてはまることになる。しかし、次世代への継承が十分ではない点もこの表および本文で示されている。とすれば、「elder generation」で使われている「Yilan Creole」を、クレオールと名づけてよいのかという疑問が生じる。それは先の表でも同様である。

　また、「70歳以上の世代は宜蘭クレオールと日本語の違いを認識し、使い分ける人が多い」とも記されているが、両者の関係がどうなっているのか、やや疑問に思う。

「言語」であることを強調するのは、裏返せば、「泰雅語寒渓方言」というような表現を拒絶するためであろう。なにを「方言」とし「言語」とするか、ということはきわめて政治的である、というのもまた社会言語学の常識である。

とすれば、「方言」ということばがもつ歴史的経緯をふまえて、「宜蘭日本語方言」と名づけることも可能だろう。おそらく、「宜蘭クレオール」とは、こういった名づけの政治のなかに投げこまれることを覚悟したうえでの命名であろう。この「宜蘭クレオール」が現在不安定な状況にあるとすれば、あえて「言語」と名づけることで、「消滅の危機に瀕した言語」をひとつ増やせることになる。

しかし、どうしても新たに「言語」をつくりだしたいようにしか私には思えない。

それでも『社会言語学図集』のような教科書的書籍に載せるにはそれなりの根拠があってのことなのだろうから、あれこれ論じるのはとりあえず控えておきたいが、歴史的・社会的視角を欠いた「共栄圏日本語」なる概念に接したときの「しっくりしなさ」と同様のものを感じるのはわたしだけだろうか。

というのも、この「日本語クレオール」の「発見」について、台湾が「華麗島」と呼ばれていたこと、そして徳川宗賢（一九三〇～一九九九年）が台湾は社会言語学にとって宝の島だといっていたことをふまえ、真田・簡が「宝の島での宝探しはこれからも続く(35)」と述べているのが気になるからである。徳川の論文は、一九九五年の「台湾のことばと日本語」である。そこでは、

総括すれば、台湾の言語状況は、昨今の社会の動きを反映して、現在まことに流動的だというの

が、私の率直な印象でした。沸々と煮えたぎっているおいしい料理の鍋を覗いているような思いがしました。しかもそこには日本語がからんでいる。社会言語学に関心を持つとともに関係する者として、はじめて訪れた台湾は、まことに魅力的な島でした。[36]

と述べている。徳川は一般的な多言語状況への興味を指摘した程度だと思われるのだが、日本の植民地支配がなければこの「日本語クレオール」が発生しなかったことを忘れている点が、どうしても気になるのである。もちろん、そんなことは先刻承知であるだろうし、気にしていたら調査なんてできないだろう。とはいえ、一般的にいっても、ピジン・クレオールの発生は奴隷貿易や植民地支配と密接に関連があるとされているのだから、「宝探し」という表現はあまりにも無邪気ではないのか。「クレオール」という用語を採用するのであれば、こうした歴史状況をも、しかと引きうけねばならないはずである。

また、第三章でみたような福田良輔や寺川喜四男のような、あるがままの観察・記述といった立場は、「正しい国語」という理念全盛の時代を相対化するようなものとされてしまう点を指摘せねばならない。かれらは植民地支配を当然の前提として、つまり、日本語が教育され普及することは正当なことであるという前提で議論をしている点を忘れてはならない。

真田・簡の場合でも植民地支配の結果であるという前提を引きうけての研究であろうが、そうであればこそ、そのことを明確に、しつこいくらいに表明し続けなければならないのであって、何か申し訳的に付け加えるようなことがらでは決してない。そこに「連鎖するコロニアリズム[37]」（あるいは「継続するコロニアリズム」が正確だろうか）をみることとて十分に可能なのである。歴史認識の問題がきちんと議論されていない状況だからこそ、こうした点への配慮はなおさらなされなければならない。

このことは、「日本語クレオール」に限ったことではなく、クレオール研究すべてに必要なことではないか、と思う。

あるポルトガル語学者にしてクレオール諸語研究者は、この「日本語クレオール」にふれて以下のように述べている。

二〇〇九年に出版された『越境した日本語――話者の「語り」から』（和泉書院）では、真田信治教授の研究グループが台湾で日本語語彙クレオール語彙を「発見」、その研究成果を報告されている。日本語のクレオール語があるとなれば、さらにクレオールに対する関心、興味は高まるにちがいない。ジャパニーズ・クレオールの存在は、近代日本がアジアで犯した罪を除けば、うれしい驚きである。(38)

言語現象に注目すれば、それは「うれしい驚き」であるにちがいない。「消滅の危機に瀕した言語」が盛んにとりあげられているなかで、新たな言語変種が「発見」されるのであるから。言語学者にとっては、新種を発見した動物学者・植物学者にも似た感動を引きおこすものなのであろう。しかし、「近代日本がアジアで犯した罪を除けば」と簡単にいえることが私にとっては「驚き」である。これこそが「クレオール」発生の原因なのであるのに。「日本語クレオール」から「宜蘭クレオール」

への名称変更は、「日本語」を外すことになるわけであるが、それはまた「日本語」の関与をみえなくすることである。深読みであるが、それは「近代日本がアジアで犯した罪を除けば」という心性とどこかで通底しているのではないだろうか。まさしく「ポスト・コロニアル」である。

クレオール語研究とは、おそらく結果を対象としてとりあげて議論するものであり、その原因についてはあまり深く探究しない、というものなのだろう（言語研究一般がそうなのかもしれないが）。このことについて、わたしは論評することばをもたない。

おわりに――「わたしたちの日本語」の解体にむけて

1　棄ててきた日本語

第一章において、旧植民地などでいま現在でも使用されている日本語を「残留日本語」あるいは最近は表現をかえて「接触方言」という名称でとらえている、ということにふれた。

本書では「かれらの日本語」として論じてきたが、さらに思うのは、「わたしたち」の側からすれば、「遺棄日本語」という視点を明確にもつ必要があるのではないか、と思う。「棄ててきた」（遺棄）ことを「残してきた」（残留）といいかえることで、文脈に応じた「懐かしさ」「再発見のよろこび」へと簡単につながっていくことになる（このことは第一章でも指摘したが「残留孤児・残留婦人」という表現が帝国日本による「棄民」の側面を隠していることと同様である）。しかしそのなかで懐かしく「再発見」されるのは、あくまでも「かれらの日本語」であり、そこに「わたしたち」は勝手な思い入れを投入していく。それはこのあと論じることになる『台湾万葉集』や『台湾俳句歳時記』の場合でもそうである。また、台湾の「日本語世代」の人たちが「美しい日本語を残そう」という目的でつくった「友愛グループ」の活動を取材した文章のタイトルは「美しい日本語は台湾に学べ」というものであり、そこで紹介される台湾の「美しい日本語」探究の姿勢にくらべて、日本では「日本語をろくすっぽ知らない若者が乏しい言語感覚で社会に出て、あちこちで様々な弊害、珍現象が起きている」と嘆く。(1)美しくない「わたしたちの日本語」を嘆くために「かれらの日本語」がとりあげられているのである。これも、せっかく学んだのだから、磨きあげつづけたい、といった動機、その背景にある台湾の歴史を斟酌しない勝手な思い入れである。

その一方、「残留」と称することによって、「残留」した側の時間経過をとらえることができる、という見方もあるだろう。実際に、台湾で現在でも俳句を詠む高齢の台湾人女性が、みずからの俳句を「日本語残留孤児」と称している、という記述がある。(2)「かれらの日本語」を用いる側が、「日本語残留孤児」と称すること。それを「棄ててきた日本語」に対応する表現だ、とすれば、得心のいくものかもしれない。

第一章でふれた映画『台湾人生』を撮った酒井充子は、台北郊外の九份に旅行で行った際に老人から日本語で話しかけられたことがすべてのはじまりであったそうで、

台湾には日本語を話すお年寄りがたくさんいる、ということは聞いていたが、実際に会話したのはそのときが初めてだった。あまりに流暢な日本語に驚き、戦後五十数年経ってなお子供のときの恩師を大切に思っているその気持ちに打たれた。「なぜなのか？」。なぜ彼はあれほどまでに完璧な日本語を操り、日本人の先生を想い続けるのか。漠然とした疑問が浮かんだ。台湾の日本語世代に出

会ったばかりのころのわたしは、こんな基本的なことを疑問に思うほど、台湾のことを知らなかった(3)。

という。「棄ててきた」のであるから、日本側としては記憶するようなものではない。第五章でもふれたが、国語教育の歴史に植民地の台湾や朝鮮での国語教育は登場しないのもそのためだろう。

恩師を想うのは、思い出に残る教育を受けたからであって、植民地支配と直接の関係はないともいえる。酒井が「かれらの日本語」に過剰な思い入れをしている、とはいえないにしても、「日本語世代」との出会いの衝撃が、映画まで撮影する原動力になっていることがわかる。それだけの「棄ててきた」ことに気づかされた「驚き」があったことは確かであろう。

『台湾人生』に登場する人たちには、どうして日本人は台湾を棄てたのか(これは日中国交回復後の台湾との断交を直接的には指しているようだが)、という問いが流れているように思われる。たとえば、「全然、ぼくたち過去の台湾青年の思いというものを日本政府は受け取ってくれません」(一九二六年生まれ蕭錦文の発話)をあげておこう(4)。

そしてまた、NHKのJAPANデビューの終盤の一場面では、台湾人の老人がこう述べていた。

みなしごになって捨てられたみたいですよ。人をバカにしてるんだ、日本は。〔……〕命をかけて国のために尽くしたんだよ。それなのに……。

そう。はっきりと、「棄ててきた」と認識しなければ、都合のよいときにだけとりあげられるだけの「かれら」と、正面から向きあうこともできない。

2　異郷の日本語

ただ、「向きあう」といっても若干複雑な事情もある。

ここに『異郷の日本語』という書籍がある。(5) この書籍は、在日朝鮮人が日本語で文学を書くこと、あるいは植民二世の日本人が用いる日本語など、日本語の多様な歴史をとりあつかい、「日本語文学」の可能性を論じたシンポジウム「もうひとつの日本語」の報告書である。「かれらの日本語」もいってみれば「異郷の日本語」のとらえ方のひとつであろう。「異郷の日本語」は、講演者のひとりであった金石範《キム・ソクボム》や、あるいは議論の対象となった植民二世の森崎和江という名前をあげるまでもなく、当事者の側からの名称ともいえ、それゆえに輻輳した歴史をそれ自体がもっている。それだけに指し示す範囲が拡がる概念であり、これは感覚でしかないが、響きとしては「越境した日本語」と同質のスマートさすら感じてしまう。ここはやはり、無粋ではあるけれども「かれらの日本語」で考えてみたい。虚構に近い概念である「わたしたちの日本語」との断絶を明示する、「かれらの日本語」という表現こそが、「遺棄日本語」への視点をぶれないものとするのではないか。たとえば、この『異郷の日本語』のなかで佐藤泉が引用する森崎和江の文章をみてみよう。森崎の父がかつて朝鮮で校長を

務めた中高等学校の開校三十周年式典に亡父のかわりに招待されて一九六八年に訪韓した折に、
森崎は彼ら〔かつての父の教え子〕に再会し、その日本語が昔のまま「なんのなまりもないことに激しいめまいを覚えた。」「日本に帰って来て、その日本語と同じことばを耳にしなくなっていた。地方はもとよりのこと、東京語も、そして共通語にも地域ごとになまりがあったから、わたしは亡霊となった自分に出会った気がした。」(6)
という。単純に「懐かしい」などと感じないところが森崎の思考の強さであろうが、佐藤泉はこう解説する。

戦後／解放後は植民地支配の終わり、正義の回復を意味するが、しかしそのときから加害者は被害者の顔を忘れ、同時に被害者の顔の裏返しである自分の顔を忘れ、結局、責任の意識を忘れる。こんなふうに正義の回復と無関心とが結託すれば、その正しさはすでにいくらか形骸化している。森崎は、分離ののちの無関心は正しいものではなく、正しさの身ぶりにすぎないと考えた。(7)

この解説で十分なのだが、実際に森崎が聞いた「かれらの日本語」は、はたしてそこまで「なんのなまりもない」ものだったのだろうか。かつてはそこにほんのわずかな差異をあえて見出し、それを「わたしたちの日本語」との決定的かつ決して乗りこえることのできない溝として強調してきたのに。

本書でみてきたように、溝にもいろいろあり、ことばとは関係のない「日本人らしさ」などをとりたてることによって、溝を埋めるようなことは決してしなかった。その一方で敗戦後、その差異をとりたてて強調する必要がなくなったときには、「なんのなまりもない」、いまや日本では耳にできないことば（これもまた溝のひとつの表現でもあるが）とみていくのである。しかしながら、どこまでいっても、「かれらの日本語」でしかない。「なんのなまりもない」と表現することもまた、「かれら」と「わたしたち」との距離を確認して固定化するひとつの手段でしかない。先に、植民地支配においては「本質的な拒絶」があるのではないか、と指摘したが、これは差別的な同化ともいえる。この心性が継続して残っていると仮定すると、一九四五年以降は「同化」の必要がなくなったのだから、「差別」だけが心性として残ることになる。しかしいくらなんでも「差別」とは明言できないから、それが「溝」として、つまりは「わたしたち」との距離を確認する境界として残っているとはいえないだろうか。

さらにここで忘れられがちなのは、「同化」を唱えていたときに、実はその「同化」の目標がきわめて曖昧であったという点である。一九四〇年代に台湾や朝鮮で皇民化教育がなされていたときに、理想的「皇国臣民」は、はたしてどこにいたのであろうか。「かれら」を想定することは「わたしたち」の曖昧さを隠すことでもあった、といえるだろう。

それでは、「かれら」と「わたしたち」をつなぐ存在はあったのだろうか。

台湾文学研究者の星名修宏は以下のように指摘する。

日本植民地下の台湾では、とりわけ一九三〇年代後半以降、台湾人を同化／皇民化するために、「内台結婚」が奨励された。一方、「内台結婚」や「混血」を批判する優生学的な言説も根強く存在し、両者の対立を反映するかのように、「皇民化期」の台湾文学には、「血液」をめぐる多様な表現が見うけられる。(8)

差異は常に生産され、溝は決して埋まることはなかった、ということでもある。

3　再生産される差異――『台湾万葉集』と『台湾俳句歳時記』

「かれら」と「わたしたち」のあいだ

「かれらの日本語」との差異が現在でも再生産されている例を、長くなるがとりあげておかねばならない。

植民地期に日本語で定型詩を作ることを教わった人びとが次の世代への継承など望むべくもないなか、一九四五年以降も短歌を詠みつづけている。

一九六八年に孤蓬万里が「台北歌壇」をつくる。一九六〇年代後半とは、東アジアの経済システムにおいて、アメリカにかわって日本が経済的プレゼンスを高めてきたことが遠因となって、「一九四五年以降に遠ざかっていた日本の存在が、この時期、観光客や進出企業という形で再び台湾人の目に触れるようになっていた。そのようなタイムラグを経た再会によって、皇民化世代の人々の中で自身の青春に対するノスタルジーが掻き立てられた」と説明されている。(9) こうした背景のもとでの「台北歌壇」の結成であろう。

こうした人たちの短歌を集めたアンソロジーとして、一九八一年に『花をこぼして』（のち、一九七八年自費出版の自叙歌伝『孤蓬万里半世紀』とあわせて一九八八年に『台湾万葉集　上巻』と改称）、中巻（一九八八年）、下巻（一九九三年）という三巻本の『台湾万葉集』が私家版で刊行される。(10) 寄贈を受けた大岡信《まこと》が『朝日新聞』の「折々のうた」で一九首紹介する。それを収めた『新折々のうた1』をみると、孤蓬万里の「万葉の流れこの地に留《とど》めむと生命《いのち》のかぎり短歌詠みゆかむ」を評したなかで、「日本語を強制的に学ばせられた歴史を持つ台湾本省人の間に、戦後半世紀たってなお多くの短歌作家がいるのを知るのは感動的だ」(11) と述べている。この大岡の「感動」が共有されたのか、『台湾万葉集』は日本で関心を呼び、大岡が依拠した前記台湾版『台湾万葉集　下巻』が、日本では『台湾万葉集』として集英社から一九九四年に、台湾版の中巻と『花をこぼして』をあわせて『台湾万葉集　続編』として同じく集英社から一九九五年に刊行され、菊池寛賞を受賞する。

この集英社版『台湾万葉集』に寄せた大岡信の序文をみてみよう。

私が呉建堂氏とお会いしたのは、すでにこの本の集英社からの刊行が決定し、ほとんどすべての準備が整ってから後のことだったが、当然のこととはいえ、私は呉建堂氏の語る日本語の完璧な安らかさ、神経の隅々まで一分の隙もなく日本語人である呉先生の立居振舞のみごとさに感服した。
私は今、日本語人という耳慣れない言葉を書きつけた。ある人が日本人である最大の理由は、民族的、人種的な特性によるよりも、その人が日本語を恒常的に語り、あるいは書くことができる点にある、というのが私の考えなので、呉建堂さんにも、(日本人というには憚りがあろうから)日本語人という称号をお贈りしたいと思ったのである。(12)

完璧な日本語、立居振舞のみごとさに「感服」するというのは、ある種お定まりのパターンになっているのであるが、大岡も「かれらの日本語」として一線を画そうとしていることを見逃すべきではない。「日本語を恒常的に語り、あるいは書くことができる」ことをもって「日本人」たる最大の理由とする、といった考え方は、言語と民族とを切り離しているという点で注目されてよいのだが、「日本語人」としてくるのは、結局は「かれらの日本語」のいいかえでしかない。大岡は自らを「日本人」ではなく、「日本語人」と称することができるのか、と問うてみればよい。大岡は自覚的ではないかもしれない。しかし、この序文で大岡が紹介する話は、きわめて自覚的にこの差異を強調した内容となっている。呉建堂は台湾版の『台湾万葉集』をかなりの数、日本の短歌関係者に贈呈していたらしいのだが、大岡はついぞ他の人からその存在を聞かされなかったという。大岡はその理由を次のようにまとめる。

日本の歌壇人の目からすれば、台湾の短歌はあまりにも生活直写的であり、その態度はよく言えば素朴、わるく言えば素人っぽさ丸出しの、いずれにしても近代日本の短歌がここ百年の歴史を閲する間にとうに脱ぎ捨ててきたはずの、素朴な写実短歌、でなければ生活報告の範囲に限られているではないか、というのが大方の歌人の見方であるに違いない。〔……〕台湾で今なお日本語を駆使して短歌を作っている人々がいる、という事実には感動しても、それらの人の作る短歌は、所詮われわれの作る短歌とは異質のものだ、という感想が、この本を読んだ歌人たちに生じても、無理はなかった、と私は思う。(13)

もちろん、大岡は「生来身についた諧謔や辛辣な観察の短歌は、台湾短歌にきわめて普遍的に見出せる特質であり、逆に日本の短歌にはきわめて乏しいものである(14)」という形で「特質」を救っているのだが、「感動」はするものの「所詮われわれの作る短歌とは異質のものだ」というとらえ方は、第二章で紹介した、都々逸の翻訳ができないと痛罵した柴田廉と相似している。あるいはまた、次のような批判もある。

同じ「日本語人」間のなかに力関係(power relation)の存在を(それが正当なもの、自明なものであるかのようにして)静かにすべりこませていないだろうか。それはまさに「称号を与える」という名づけの行為そのものに象徴的にあらわれているのではないだろうか。差異を見出そうが、類似を強調しようが、いずれもその背後には表象の正統性を判断する力は一方が握るという状況への肯定がある。(15)

「道具」としての日本語

ところで、孤蓬万里は、『万葉集』に興味をもったきっかけが台北高校に一九四二年に赴任し、のちに万葉学者として有名になる犬養孝（一九〇七〜一九九八年）の講義であったと述懐している(16)。「学期末試験のとき、まだ行ったこともない「飛鳥地方」や「山の辺の道」に幻の地図までつけ」、犬養を驚かせたと述懐はつづく(17)。中学生のころに『万葉集』に興味をもち、二万五千分の一の地図を東京神田で買い求め、まだみぬ万葉の地に思いを馳せた、やや赤面する経験のあるわたしとしては、孤蓬万里の心情はよくわかる。とすれば「かれらの日本語」と「わたしたちの日本語」を隔てるものは一体何なのだろうか。

孤蓬万里はいう。

日本語のすでに廃れた台湾において、大岡〔信〕教授のいう「日本語人」が、詩情を日本語に借りて表現しようとした(18)。

日本語は「借りられる」もの、である。あるいは、

とまれ私の借りるのは日本の思想でなく、日本語の形式にすぎない。思想的に頭を切り替えるのは容易かもしれないが、文学的に一つの言語から他の言語に完全に乗り替えるのは難しい(19)。

とも述べる。それはそうであろう。しかしながら、序文を寄せた犬養孝は、自らのかつて講義が種となったことの感動もあるのか、『万葉集』が「人間の、真実の心を、そのままに伝えた、生きた魂の記録である」としたうえで、「この「台湾万葉集」の中にも、各人の心は、ありのままに生きている。万葉の心は、この全編に、生き生きと貫いている」と絶賛する。[20] 近代日本の短歌を飛びこえて、「万葉の心」という点での深い共通性を見出すわけである。ただ、孤蓬万里は『台湾万葉集』のあとがきで皇室とのつながり（とくに美智子妃）を記し、かつてあった某週刊誌による皇后バッシングに関して「「日本人はどうなってんの？」と妻が問ふ「皇室たたき」の記事を閲して」という一首を載せている。[21] 明治時代になって、『万葉集』が、天皇から庶民まで、また中央から地方までの詠み手をとりこんだ「国民歌集」として新たに位置づけられたという経緯[22]をふまえれば、『台湾万葉集』にも、歌を詠む皇室への敬意が編者にあるという共通点を見出すことができる、ともいえるだろう。それはまた、孤蓬万里に対する、「短歌の師はあくまで日本、その日本の伝統をかつて植民地にあった我々台湾人も忘れずにいるとのおもねり」という評も生むことになる。[23]

ともあれ、台湾では新たな支配者となってやってきた国民党が日本語使用を禁止し、「国語」の機能を、発音とともにいわゆる北京語に入れ替えていった。そうなると当惑するのは台湾人である。台湾人にとってみれば日本語は道具のようなもので、台湾語は民族性を体現するものであって、新しい「国語」を拒絶しないにしても、すぐさま日本語が禁止されることには拒否感が強かったという。[24]

その前提として、陳培豊が『「同化」の同床異夢』で論じたように、植民地期には、日本側が求める「民族への同化」というベクトルと、台湾側が望んだ「文明への同化」というベクトルが一致することなく存在していた、という点を考慮に入れるべきであろう。単純にいってしまえば、台湾側は、「国語」を近代に至るための道具とみなし、日本側は「国語」の習得こそが日本人になる道である、としていた。[25]第二章でみた柴田廉の例でいうと、都々逸は近代的知識とは無縁なものであるが、日本人になるには必須のものとみなされていた。とすれば、そこには大きな溝が生じ、陳培豊になられば「同床異夢」とならざるを得ない。

そうした歴史をふまえれば、「道具」として「かれらの日本語」はしっかり機能していたといえる。同様にして台湾で俳句を詠みつづけている黄霊芝は『台湾俳句歳時記』で次のように述べる。

台湾人が日本文で綴る作品は一体日本文芸の範疇に入るものなのか、それとも台湾文芸なのか、ということをよく問われる。〔……〕工具に本質を左右するほどの能力があるとは思えない〔……〕。この点からしても日本語でしか自分の世界を展現できなかった数々の台湾の戦前の作家たちの、その後に強いられた唖の無念さが私には堪えられないのである。文化史的に。非凡の一作があったかも知れないのだから。[26]

ここでは、「工具」でしかないという認識である。[27]「かれら」の日本語認識はこうしたものである。もちろん、そのなかでも「おもねり」といった評を生んでしまう孤蓬万里と黄霊芝とは「日本語」への態度も微妙に異なり、また「その後に強いられた唖の無念さ」は別の議論になるが、「日本語でしか自分の世界を展現できなかった」ことに留意すべきであろう。ここにも「かれらの日本語」の特徴をみることができる。ここで、黄霊芝へのインタビューをおこなった今井祥子のことばを引用する。

日本統治期の台湾に生まれ育った台湾人にとって、日本語は確かに暴力的な力によって身体化させられた言葉である。専ら日本語によって人間形成を遂げた者の身体はことさら深くそれを受け入れたであろう。だが同時に、その日本語は、一人の人間の言語生活、自己実現においては、「なぜ日本語を使うのか」という繰り返される問いがむしろ暴力に感じられてくるほど「愛着のある道具」（黄霊芝のことば――引用者注）になっているということもまた受けとめなくてはならないのではないか。それは必ずしも植民地支配、皇民化教育の肯定とは同意にならないはずであるし、また「日本人のようである」とまなざすこととも同じではない(28)。

また、黄霊芝の作品を丹念に読み解いた岡崎郁子が述べるところによれば、黄霊芝は私家版で作品集を編んでいるのだが、それは「誰のためのものでもない、まして日本人にへつらう気など毛頭ない。ただ、自分が生きた証として書き続けているだけのことである。黄霊芝にとっての日本語とはそれだけの意味にすぎない」という(29)。ただ岡崎は別のところで「孤高の作家は、自分のスタイルを守りながら、誰に認められずとも、目指すのは世界である。狭い台湾や日本だけを相手にはしていない(30)」とも述べている。ここで岡崎のいう「世界」とは何なのか、具体的ではないのだが、以下にみるような「俳句の普遍性」といった、逆の意味での偏狭な態度とも無縁であろう。台北俳句会にも参加するという磯田一雄が解釈するように「国家にはこだわらない」という意味に解するのがよい[31]。黄霊芝が日本語で作品を書くようになるのは一九四五年以降のことだという。こうした歴史や構造をつくりあげたことへの批判的検討はおこなわれるべきだが[32]、それをふまえたうえで、右の黄霊芝の引用がもつ意味をあらためて考えねばならない。

したがって、『台湾俳句歳時記』によって黄霊芝を「正岡子規国際俳句賞」（愛媛県文化振興財団が二〇〇〇年に賞を創設）の二〇〇四年度の受賞者の一人とした、以下の「受賞理由」は歴史的にみて妥当なのか疑問が残る。

季語・季題という俳句の約束事と台湾の風土の独自性とに真摯に向き合うとともに、日本語と台湾語、日本文化と台湾文化双方への愛着と美意識を昇華させ、独力で『台湾俳句歳時記』を上梓した。季語・季題の解説は俳味に溢れており、俳句と歳時記という型を借りた優れた文芸作品である。同時に、季感というものが様々な風土において再創造可能な普遍性を持つことを示し、俳句の可能性の拡大に寄与するところ大である。

これは、黄の取りくみが俳句の「普遍性」を証明するために利用されていることを明確に示した文章である。この財団とは異なるが、松山市立子規記念博物館が一九八六年に「俳句の国際化と松山」と題して開館五周年記念講演会を開催したときには欧米での俳句の受容ばかりがとりあげられていたのに比べれば、視野が広がっていることはわかる。一方で、この「受賞理由」からは、「かれらの日本語」に何を託しているのかもよくわかる。そしてまた、「俳句の国際化と松山」での「雑話会」で俳人・草間時彦が「「俳句の国際化」ということですが、この言葉にはどこかに、日本の俳句が一番優れていてそれを世界に広めるのだという意識があるような気がしてなりません[33]」と述べた危惧がそのままあてはまるように思われる。

せめて、磯田一雄がみるように、「黄霊芝俳句は〔……〕本質的には「台湾俳句」を目指す方向（脱日本俳句の方向）と、それを超えて近代詩としての普遍性を目指す方向の二視点から捉える必要があるように思われる[34]」という立場が妥当ではないのか[35]。

孤蓬万里や黄霊之たちがすんなりと日本語を「道具」として割り切れたのかどうかは検討の余地はある。それは、第一章冒頭でみた上水流の指摘のような多元的な要素から成り立っているともいえるし、松永正義が指摘するような、世代による日本語教育への依存度（自己形成の時期にどの言語あるいは文体にもっとも親しんでいたか）によって、一九四五年以降の言語選択肢にバリエーションが生じ、それぞれがそれぞれの選択のなかで、苦労と苦悩を重ねていった、という事情を考えねばならない。松永正義は『台湾万葉集』の前提としてある「台北歌壇」（黄霊芝も参加）が成立した一九六〇年代の状況を紹介しながら、台湾側の事情を考慮しない議論、つまり「『台湾万葉集』の日本語の問題を、日本との関わりのなかでしか見ていない」議論は信用できない、と指摘していく[36]。まったくもってその通りである。みたいようにしかみていない、ということのひとつの証左である。松永が『台湾万葉集』に対する日本側の評のなかでとりあげて批判するのは、佐佐木幸綱のものである。佐佐木は「伝統詩が、純血を守るという方向ではなく、多様な作者、多様な発想、多様な感覚を抱き込む方向に展開していってほしいとねがっている」と評した点を問題視していくのだが[3]、それは先にふれた『台湾俳句歳時記』に「正岡子規国際俳句賞」を授与した理由書のもつ問題と同様である。

一九四五年以降の論調にあっても、あくまでも「わたしたち」とは峻別されたままで、「かれらの日本語」が語られてきたのではないか。

「かれらの日本語」の事情を考慮しない議論、という点では、本書も同様の批判を受けることは十分承知している。もちろん、「わたしたちの日本語」が実態ではなく、単なる観念であることを急いで、かつ、くりかえし指摘しなくてはならないし、その観念のあり方にも常に注意しなくてはならないのだが、「かれらの日本語」を提示することで「わたしたちの日本語」への意識が高められていくこともまた確かである（直前の引用でいえば、俳句の普遍性、となる）。

4　差異と差別と

アクセントと差異

差異は容易に差別につながる。むろん、『台湾万葉集』や『台湾俳句歳時記』をめぐる日本側の言説が差別的だといいたいわけではない。それとはまた別の話がある。

たとえば、戦前に協和会という在日朝鮮人を管理するための団体があった。一九三九年には全国の都道府県に設置され、同年に中央協和会が結成された。活動としては、各地域の在日朝鮮人の状況を調査把握し、各種講演会や国語講習会などを開催していた。協和会の実質的業務は「内務省警保局と各府県警察部の朝鮮人担当部署である特高課内鮮係が担当し、全国の警察管轄地域内で朝鮮人の一挙手一投足を日常的に統制および監視することができる機構であった」[38]。兵庫県庁社会課におかれた兵庫県協和会が一九四三年に発行した『協和教育研究』がある。兵庫県内の国民学校に通う朝鮮人児童の意識調査や社会教育の模様などがわかり興味深いのであるが（執筆者は学校の教員が多い）、そのなかの「兵庫県協和教育会指針」をみると学校における国語教育については、「正確ナル国語ノ会得習熟ハ国体明徴ノ上ヨリ皇国民的自覚養成ノ上ヨリ将又一億一心ノ大和ノ上ヨリ最モ重要視スベキコト」としたうえで、以下のようにつづく。

特ニ話方教授ニ重キヲ置キ其ノ発音、アクセント其ノ他ノ語感ヨリ来ル差別感惹起ノ根源ヲ絶ツベキコト[39]

差異がみえなくなるようにすること。それは教員の善意なのかもしれないが、差異を見出して差別するという「わたしたち」の意識を変えていこうとはしない。

細かい事例になってしまったが、こうした構造は変わることなく継続しているといってよい。「わたしたち」との距離は常に確認されつづけるのである。その意味では、『台湾万葉集』などをめぐる話も実は同一である。

「やさしい日本語」をめぐって

現在でもそうである。たとえば、在日外国人に災害情報・行政のお知らせなどを的確に伝えるための試みとして、「やさしい日本語」（弘前大学人文学部社会言語学研究室提唱）がある。運用の仕方によっては情報への制限がかかることになるという大きな危険があるのだが、それとは別に、行政で用いられている「やさしい日本語」は、現場では外国語のひとつとしてあつかわれる傾向があることが指摘されているように(40)、最初から別変種として設定した「やさしい日本語」を「かれらの日本語」として、「わたしたちの日本語」との距離を確認していることがわかる。この場合でも、「わたしたちの日本語」をつきつめて考えることにはつながっていかない。

しかしながら、「かれらの日本語」は、「わたしたちの日本語」とまったく無関係に成立してきたものではない。本書でみてきたように、「かれらの日本語」は成り立ちにおいては「わたしたちの日本語」の多様さ（簡単にいえば、方言変種）が反映される側面もあり、逆に「わたしたちの日本語」を正していくべき鏡として「かれらの日本語」がとりあげられる場面もあった。こうして発生した諸種の「かれらの日本語」が一九四五年以降、「再発見」されてきた過程も本書でふれた通りである。

もちろん、「わたしたちの日本語」と「かれらの日本語」の「溝」を埋めていくべきだ、というようなことを主張したいわけではない。むしろ、「溝」があるということは、「わたしたちの日本語」の側が「かれらの日本語」の「正しさ」を云々することはできないことを意味する。それはそれで、まったくかまわない、と思う。

以上、とくに大きな盛りあがりもないまま、「かれらの日本語」言説の系譜を追ってきた。そこにみられるのは、学術的なものであれ、評論的なものであれ、さらには教育的なものであれ、それぞれにとってもっとも都合のよいイメージを「かれらの日本語」に盛りこもうとしていた、ということである。それはときには過剰な思い入れともなっていくのであるが、その「過剰さ」については案外鈍感である。この点については、すでに述べたので、くりかえすことはしないが、そこに何かを読みこむべきではなく、「かれらの日本語」は「かれらの日本語」であって、それ以上でも以下でもない、という明々白々たる事実を、きちんと見据えていく必要があろう。

多言語化がより顕著になっていくであろう今後の日本社会において、さまざまな「かれらの日本語」が発生し、耳にする機会も増えていくであろう。そうしたときに、「それ以上でも以下でもない」という観点をもたなければ、過剰な同化、あるいは排除という機制が容易にはたらいていってしまう。そしてまた、一見妥当な「多言語社会の共通語としての日本語」という主張も、この同化と排除の力学のなかでしか存在しないのである[41]。

「わたしのことば」へ

「それ以上でも以下でもない」とみることは、無関心とは異なる。もちろん、無関心にとどまってしまう場合もあるのだが、一歩進んで考えるべきは「かれらの日本語」の多様性であり、さらにいえば「かれらの日本語」とひとくくりにすることの妥当性である。同様のことは「日本語」についてもいえる。

たとえば、黄霊芝は「国は亡んでも社会は亡びない、ということばをもしばしば口にする。そして国というものに付随する言語は、国語として人びとに強制するものでも民族や国家に帰属するものでもなく、何より各個人に帰属すべきだ」と考えている、と岡崎郁子は指摘している。(42)「かれらの日本語」ではなく「かれの日本語」。とすれば、「わたしたちの日本語」ではなく、「わたしの日本語」いや、「わたしのことば」しかそこにはない、ということであり、「かれの日本語」との本質的差異というものは存在しなくなる。

つらつらと脈絡のない思いつきを重ねてきたが、「ことばはだれのものか」という問いの終着点は、とりあえずこうしたところになる。

注

はじめに

（1）酒井亨『「親日」台湾の幻想――現地で見聞きした真の日本観』扶桑社新書、二〇一〇年、一六頁。
（2）一九二二年二月の台湾教育令において、「国語ヲ常用スル者ノ初等普通教育ハ小学校令ニ依ル」（第二条）、「国語ヲ常用セサル者ニ初等普通教育ヲ為ス学校ハ公学校トス」（第三条）と規定されてはじめて「国語ヲ常用」していれば、制度的に公学校ではなく小学校に入学できるようになる。都市部では小学校への入学を希望する台湾人が多かったようであり、入学試験が実施されてもいた（台南市で生まれ育った一九二四年生まれの言語学者であり台湾独立運動家でもあった王育徳『「昭和」を生きた台湾青年――日本に亡命した台湾独立運動者の回想1924―1949』（編集協力・近藤明里）草思社、二〇一一年など参照）。
（3）柯徳三『母国は日本、祖国は台湾――或る日本語族台湾人の告白』桜の花出版社、二〇〇五年、四―五頁。
（4）同前、二六七頁。
（5）牧野篤『認められたい欲望と過剰な自分語り――そして居合わせた他者・過去とともにある私へ』東京大学出版会、二〇一一年、二六四頁。さらに牧野は、日本語はこうした世代にとっては「学校言語・論理言語」であり、「生活言語」としての「台湾語」との「二重言語構造」のなかにあったとする。その子の世代は「国語」（北京語）が「学校言語・論理言語」であって、「生活言語」は「台湾語」となる。

だからこそ、植民地時代に教育を受けた世代は日本語が「感情・情緒言語の影響を受けることなく保全できた」のであり、日本語が「歴史認識やアイデンティティとかかわる意識化の言語として保全」されることで、「〈いま〉日本人でありたいと感じ、かつ日本時代を肯定的にとらえようとすることへとつながっているものと思われる」とする（同前、二七九—二八〇頁）。

（6）たとえば、一九四八年生まれのジャーナリスト宮本孝は『なぜ台湾はこんなに懐かしいのか——台湾に「日本」を訪ねる旅』（展転社、二〇〇四年）という本を著している。また、台湾に残る植民地時代の建築を特集した毎日ムックは『台湾ノスタルジア　懐かしい日本に出会う旅——台湾に残された日本建築その魅力に迫る』と題されている（毎日新聞社、二〇〇九年一二月）。こうした書籍は数多くある。

（7）丸川哲史『台湾ナショナリズム——東アジア近代のアポリア』講談社選書メチエ、二〇一〇年など参照。

（8）黄智慧「ポストコロニアル都市の悲情——台北の日本語文芸活動について」大阪市立大学大学院文学研究科アジア都市文化学教室編『アジア都市文化学の可能性』清文堂、二〇〇三年、一四二頁。

第一章

（1）上水流久彦「自画像形成の道具としての「日本語」——台湾社会の「日本」を如何に考えるか」、五十嵐真子・三尾裕子編『戦後台湾における〈日本〉——植民地経験の連続・変貌・利用』風響社、二〇〇六年、一九一—一九二頁。

（2）同前、二〇七、二一〇、二一一頁。

（3）上水流久彦「台北市古蹟指定に見る日本、中華、中国のせめぎ合い」、植野弘子・三尾裕子編『台湾における〈植民地〉経験——日本認識の生成・変容・断絶』風響社、二〇一一年、四六—四七頁。

（4）合津美穂「日本統治時代の台湾における日本語意識――漢族系台湾人を対象として」『信州大学留学生センター紀要』二号、二〇〇一年三月、七五頁。
（5）合津美穂「漢族系台湾人高年層の日本語使用――言語生活史調査を通じて」『信州大学留学生センター紀要』三号、二〇〇二年三月、二六頁。
（6）同前、四二頁。
（7）甲斐ますみ「台湾人老年層の言語生活と日本語意識」『日本語教育』九三号、一九九七年七月、一一頁。
（8）酒井充子『台湾人生』文藝春秋、二〇一〇年、五頁。
（9）平野久美子『トオサンの桜――散りゆく台湾の中の日本』小学館、二〇〇七年、四四頁。
（10）酒井充子『台湾人生』文藝春秋、二〇一〇年、一一一―一二頁、三〇頁（一九二六年生まれの陳清香の発話）。
（11）洪郁如『近代台湾女性史――日本の植民地統治と「新女性」の誕生』勁草書房、二〇〇一年、一六八―一七二頁。
（12）植野弘子「台湾の日常と「日本教育」――高等女学校の家庭から」、植野弘子・三尾裕子編『台湾における〈植民地〉経験――日本認識の生成・変容・断絶』風響社、二〇一一年参照。
（13）『台湾人生』書評（田中貴子筆）、『朝日新聞』二〇一〇年六月六日付朝刊。
（14）五十嵐真子「はじめに」、五十嵐真子・三尾裕子編『戦後台湾における〈日本〉――植民地経験の連続・変貌・利用』風響社、二〇〇六年、一〇頁。
（15）詳細は、安田敏朗『「国語」の近代史――帝国日本と国語学者たち』中公新書、二〇〇六年などを参照。

(16) 陳培豊『「同化」の同床異夢――日本統治下台湾の国語教育史再考』三元社、二〇〇一年。

(17) 許時嘉「国語としての日本語から言語としての日本語へ――戦前から戦後に至るまでの台湾人の日本語観に関する一考察（1895〜1945年）」『言葉と文化』（名古屋大学大学院国際言語文化研究科）九号、二〇〇八年三月、一一六頁。

(18) 堤智子「台湾における「日本精神」という言葉――その意味と使用状況の変遷」『天理大学学報』五〇巻一号、一九九八年九月、一頁。

(19) 蔡焜燦『台湾人と日本精神《リップンチェンシン》――日本人よ胸を張りなさい』小学館文庫、二〇〇一年、一五九頁。

(20) 森宣雄『台湾／日本　連鎖するコロニアリズム』インパクト出版会、二〇〇一年。

(21) 桜の花出版（いかにも「日本」を印象づける）から発行（発売は星雲社）されている、楊素秋『日本人はとても素敵だった』（二〇〇三年）、蔡敏三『帰らざる日本人』（二〇〇四年）、柯徳三『母国は日本、祖国は台湾――或る日本語族台湾人の告白』（二〇〇五年）、楊應吟『素晴らしかった日本の先生とその教育』（二〇〇六年）、桜の花出版編集部『少年の日の覚悟――かつて日本人だった台湾少年たちの回想録』（二〇一〇年）は、「シリーズ　日本人の誇り」と名づけられている。ここでのかれらの自称は「日本語族」が多い。

(22) 木村万寿夫「台湾における国語教育の思い出」『国語教育研究』（広島大学教育学部光葉会）一二号、一九六六年九月、一六頁。

(23) たとえば、五十嵐真子「日本語世代の語りの中の「日本」」、植野弘子・三尾裕子編『台湾における〈植民地〉経験――日本認識の生成・変容・断絶』風響社、二〇一一年など参照。

(24) 西尾珪子「ミクロネシアに定着した日本語」『言語生活』三三二号、一九七八年七月、五六頁。

(25) たとえば、崎山理「日本語もうひとつの歩み」『月刊　民博』一四巻七号、一九九〇年七月、「ミクロネシア・ベラウのピジン化日本語」『思想の科学』一九九五年三月号など。

(26) 二〇〇六年度～二〇〇七年度日本学術振興会科学研究費補助金基盤研究（B）

(27)『社会言語科学会第二一回大会発表論文集』二〇〇八年。

(28)『インターフェイスの人文学　第六巻　言語の接触と混交』大阪大学二一世紀COEプログラム、二〇〇七年。

(29) 真田信治『越境した日本語――話者の「語り」から』和泉書店、二〇〇九年。

(30) 簡月真著・真田信治監修『台湾に渡った日本語の現在――リンガフランカとしての姿』明治書院、二〇一一年。

(31) 真田信治・簡月真「台湾の日本語クレオール」『言語』三七巻六号、二〇〇八年六月、九八頁。

(32) 今井祥子「「日本語」をめぐる状況――台湾の／「私たち」の」『境界を越えて』（立教比較文明学会）二号、二〇〇二年二月、一三八―一三九頁。

(33) 朝日祥之「サハリンに生まれた日本語の接触方言」『日本語学』二九巻六号、二〇一〇年六月、一二八頁。

第二章

(1) 国府種武『台湾に於ける国語教育の展開』第一教育社、一九三一年、一―四頁（復刻版、冬至書房、一九八八年）。

(2)「学務部施設事業意見書」については、蔡茂豊『中国人に対する日本語教育の史的研究』博士学位申請論文、一九七七年、一二―一三頁から再引用（この書は一九八九年に東呉大学日本文化研究所から『台湾における日本語教育の史的研究』として刊行されている）。

(3) この「芝山巌」をめぐる重層的な記憶の語り方については、駒込武「芝山岩」、板垣竜太・鄭智泳・岩崎稔『東アジアの記憶の場』河出書房新社、二〇一一年を参照。

(4) 台湾博覧会については、程佳惠『台灣史上第一台博覧會——1935年魅力台灣SHOW』遠流、二〇〇四年、呂紹理『展示臺灣——權力、空間與殖民統治的形象表述』麥田出版、二〇〇五年、山路勝彦『近代日本の植民地博覧会』風響社、二〇〇八年、第六章など参照。

(5) 野上豊一郎・野上弥生子『朝鮮・台湾・海南諸港』拓南社、一九四二年、一四八—一四九頁。

(6) 同前、二〇五頁。

(7) 霧社事件については、戴國煇編著『台湾霧社蜂起事件——研究と資料』社会思想社、一九八一年、春山明哲『近代日本と台湾——霧社事件・植民地統治政策の研究』藤原書店、二〇〇八年などを参照。

(8) 原住民教育については、国府種武『台湾に於ける国語教育の展開』第一教育社、一九三一年、近藤正己『総力戦と台湾——日本植民地崩壊の研究』刀水書房、一九九六年、第一部第四章、松田吉郎『台湾原住民と日本語教育——日本統治時代台湾原住民教育史研究』晃洋書房、二〇〇四年、北村嘉恵『日本植民地下の台湾先住民教育史』北海道大学出版会、二〇〇八年などを参照。

(9) 『昭和十五年度　台湾の社会教育』台湾総督府、一九四一年、二〇—二一頁。

(10) 呉文星『日據時期　臺灣社會領導階層之研究』正中書局、一九九二年、三六〇頁に、『台湾の社会教育』昭和十六年、十七年度版からの数値をふくんだ表が掲載されている。

(11) 上田万年「国語会議に就きて」『教育時論』四二二号、一八九七年一月五日、二五頁（上田万年［安田敏朗校注・解説］『国語のため』平凡社東洋文庫、二〇一一年に収める）。

(12) 詳細は、安田敏朗『日本語学は科学か——佐久間鼎とその時代』三元社、二〇〇四年を参照。

(13) 宇井英『国民読本のアクセント』新文堂、一九一九年、一二頁。

（14）一九二八年生まれの劉心心の発言。猪俣るー『愛する日本の孫たちへ――かつて日本人だった台湾日本語族の証言集1』桜の花出版、二〇〇七年、一八三頁。

（15）柴田廉『台湾同化策論　一名「台湾島民の民族心理学的研究」』晃文館、一九二三年、一二一―一二二頁。

（16）水野直樹「朝鮮植民地支配と名前の「差異化」――「内地人ニ紛ハシキ姓名」の禁止をめぐって」、山路勝彦・田中雅一編著『植民地主義と人類学』関西学院大学出版会、二〇〇二年、水野直樹『創氏改名――日本の朝鮮支配の中で』岩波新書、二〇〇八年など参照。

（17）陳培豊『「同化」の同床異夢――日本統治下台湾の国語教育史再考』三元社、二〇〇一年、二六五頁。

（18）その渦中にあった者、しかも「国語家庭」であった者の回想として、林景明『日本統治下台湾の「皇民化」教育――私は十五歳で「学徒兵」となった』高文研、一九九七年をあげておく。

（19）周婉窈（濱島敦俊監訳、石川豪・中西美貴訳）『図説　台湾の歴史』平凡社、二〇〇七年、一四六頁。

（20）宮田節子『朝鮮民衆と「皇民化」政策』未来社、一九八五年など参照。

（21）土屋忠雄「台湾本島人の皇民化と教育」『国民精神文化』九巻三号、一九四三年三月、五四―五五頁。

（22）同前、一六頁。

（23）平松誉資事『大東亜共通語としての日本語教授の建設』光昭会、一九四二年、八頁。

（24）同前、三頁。

（25）同前、八―九頁。

（26）同前、九頁。

（27）同前、一四八―一五〇頁。

（28）同前、一二四―一七二頁。

(29)同前、一七一頁。なお、著者の平松誉資事は一九一一年生まれ。宮崎中学を卒業後、台湾の台北第一師範学校に進み、一九三〇年卒業。以後一八年間在台する。一九四五年以降は留用で台湾に残った日本人の子弟のために日本人学校「和平中学」と「輔仁小学」の開設と運営を任せられたという。留台日僑世話役『職域別留用者名簿』民国三十六年二月（一九四七年）には、「省立輔仁小学校」の「教員」として平松誉資事が留用されていることが記載されている（河原功監修・編集『台湾協会所蔵　台湾引揚・留用記録』第八巻、ゆまに書房、一九九八年、二〇三頁参照）。引揚げ後は産業能率大学で英語講師をする一方、一九五二年には学習遅延児も対象とした私塾、セブンスターズ学院を創設した。平松によれば、一九四二年に刊行した『大東亜共通語としての日本語教授の建設』は、「台湾は勿論　その当時中国大陸　タイ国　マレー半島　シンガポール　フィリッピンにおいて盛んに活用されました」という。さらに、一九八七年には、「大東亜共通語としての」を「外国語としての」と変更して、私家版として復刻、「中国残留孤児の引揚げ者収容施設並びにベトナム　カンボジアの難民収容所または日本語教授をしている小　中学校に寄贈いたしました」という（平松誉資事『教育を彫刻する者の思索』セブン教育研究所、一九八九年、六頁）。復刻版との異同が確認できないので、なんともいえないが、かつての植民地台湾での実践が（理念はともかくとして）日本語教育としては有効であるといった平松の認識をうかがうことができる。この『教育を彫刻する者の思索』のなかでは台湾での話は出てこないものの、平松の教育理念には、生徒の「ヤル気」や「性格」の重視といった精神論的要素が色濃い。これは、台湾においても一貫していたとみてよいだろう。著書に『遅進児の教育――教育治療教室の記録』（星の光会、一九七〇年）、『遅進児の教育　続編』（セブン教育研究所、一九七六年）などがある。

(30)安藤正次の言語政策論については、安田敏朗『近代日本言語史再考――帝国化する「日本語」と「言語問題」』三元社、二〇〇〇年の第三章を参照。

(31)『国語教育』一三巻九号、一四巻四号、五号、六号、八号、一九二八年九月〜八月。
(32) 安藤正次「二語併用地域における言語教育（上）」『台湾教育』二九巻八号、一九二九年八月、二一―三頁。
(33) 安藤正次「二語併用地域における言語教育（下）」『台湾教育』二九巻九号、一九二九年、八九、五頁。
(34) 同前、五頁。
(35) 同前、六―七頁。
(36) 同前、七頁
(37) 安藤正次「国語国字諸問題」『岩波講座　国語教育　第五巻　国語教育の諸問題』第六回配本、岩波書店、一九三七年一月、一五―一六頁。
(38) 安藤正次「台湾に於ける国語教育」『学苑』七巻一〇号、一九四〇年一〇月、二一―二三頁。
(39) 同前、二三頁
(40) 安藤正次「大東亜共栄圏における日本語の将来」『台湾教育』四八四号、一九四二年一一月、三―四頁。
(41) 安藤正次「皇民の錬成と国語の台湾」『国語の台湾』一号、一九四一年一一月、四、六頁。
(42) 飯田彬『半島の子ら』第一出版協会、一九四二年、六七―六九頁。
(43) 山崎睦雄「自序」『二語併用地に於ける国語問題の解決』新高堂書店、一九三九年、一六―一七頁。
(44) 山崎睦雄『公学校各学年用話方教授細目』瑞穂公学校話方研究部、一九三九年、一頁。
(45)『向陽』（台中州教化聯合会）三一九号、一九三九年六月一四日、四面。
(46) 山崎睦雄『国語講習所話方教授細目（一、二年用）』瑞穂公学校話方研究部、一九三九年、一頁。
(47) 山崎睦雄『公学校各学年用話方教授細目』瑞穂公学校話方研究部、一九三九年、一頁。

(48) 同前、一一—一二頁。
(49) 山崎睦雄『二語併用地に於ける国語問題の解決』新高堂書店、一九三九年、三一頁。
(50) 山崎睦雄『国語講習所話方教授細目（一、二年用）』瑞穂公学校話方研究部、一九三九年、三頁。
(51) 同前、二頁。
(52) 山崎睦雄『二語併用地に於ける国語問題の解決』新高堂書店、一九三九年、一三—一四頁。
(53) 同前、二一頁。
(54) 植松安「日本精神の根柢」『台北帝国大学記念講演集』第五輯、一九三六年一二月、三一七、三一六頁。
(55) 同前、三一七頁。なお、この「君が代少年」という「美談」の形成過程とその後を追ったルポに、村上政彦『「君が代少年」を探して——台湾人と日本語教育』（平凡社新書、二〇〇二年）がある。
(56) 山崎睦雄『二語併用地に於ける国語問題の解決』新高堂書店、一九三九年、一七三—一七四頁。
(57) 同前、一七四頁。
(58) 同前、三五八—三五九頁。
(59) 山崎睦雄「標準語と常用語」『部報』一九四一年二月一日、一五頁。
(60) 山崎睦雄『実用本位日本語宝鑑　上』野田書房、一九三九年、「ハシガキ」一頁（原文のルビは省略。以下同じ）。
(61) 同前、四三頁。
(62) 同前、五八頁。
(63) 同前、「ハシガキ」一頁。
(64) たとえば、伊藤慎吾「南方共栄圏と国語問題」『台湾教育』四八四号、一九四二年一一月など。

(65) 山崎睦雄『二語併用地に於ける国語問題の解決』新高堂書店、一九三九年、二二三―二二四頁。

(66) 同前、二二四―二二五頁。

第三章

(1) 山崎睦雄『公学校各学年用話方教授細目』瑞穂公学校話方研究部、一九三九年、九頁。

(2) 陳培豊「同文の植民地支配が生んだ文体の想像――帝国漢文・植民地漢文・中国白話文」、王徳威・廖炳惠・松浦恆雄・安倍悟・黄英哲編『帝国主義と文学』研文出版、二〇一〇年。

(3) 山崎睦雄『二語併用地に於ける国語問題の解決』新高堂書店、一九三九年、三二六頁。

(4) 平松誉資事『大東亜共通語としての日本語教授の建設』光昭会、一九四二年、七三頁。

(5) 山崎睦雄『二語併用地に於ける国語問題の解決』新高堂書店、一九三九年、四二頁。

(6) 同前、三三四頁。

(7) 同前、三三八―三三九頁。

(8) 釘本久春『戦争と日本語』龍文書局、一九四四年、一三頁。

(9) 同前、八三頁。

(10) 同前、二九五頁。

(11) 同前、二三四頁。

(12) 山崎睦雄「標準語と常用語」『部報』一九四一年二月一日、一四頁。

(13) 齋藤義七郎「台北市児童の方言」『国語研究』七巻一号、一九三九年一月、三〇頁。この雑誌『国語研究』を主宰していたのは、日本語学者・菊澤季生である。

(14) 『山形県方言辞典』（山形県方言研究会、一九七〇年）の編集や山形方言に関する論文などがある。たとえば「宮城・山形」、東条操監修『方言学講座　第2巻』東京堂、一九六一年など。
(15) 陳黎・上田哲二訳『台湾四季　日拠時代台湾短歌選』二魚文化、二〇〇八年。
(16) 川見駒太郎「台湾の国語はこれでよいか」『台湾地方行政』一九四一年一〇月、二九頁。
(17) 同前、二九―三〇頁。
(18) 以上は、川見駒太郎編『明治時代における久努地方の方言とアクセント　市誌編纂資料第5集』袋井市企画課、一九六九年、および川見駒太郎『回顧集』短歌人会、一九八一年、蒔田さくら子「川見駒太郎――歌への執念」『短歌人』七一巻四号、二〇〇九年四月を参照。
(19) 孤蓬万里『「台湾万葉集」物語』岩波ブックレット329、一九九四年、四二頁。
(20) 川見駒太郎「公学校用国語読本巻一　発音とアクセントの研究（一）」『台湾教育』四一九号、一九三七年六月、四〇―四一頁。なお、この連載は四二〇号（一九三七年七月）、四二一号（一九三七年八月）、四二二号（一九三七年九月）、四二四号（一九三七年一一月）と五回続いた。
(21) 川見駒太郎「公学校用国語読本巻一　発音とアクセントの研究（一）」『台湾教育』四一九号、一九三七年六月、四一頁。ちなみに神保格・常深千里編『国語アクセント辞典』は、厚生閣から一九三二年に刊行されている。
(22) 川見駒太郎「アクセント雑話」『台湾教育』四一八号、一九三七年五月、一一六頁。
(23) 同前、一一七頁。
(24) 川見駒太郎編『明治時代における久努地方の方言とアクセント　市誌編纂資料第5集』袋井市企画課、一九六九年、六八頁。
(25) 同前掲載の「著書」欄による。
(26) 同前、六九頁。

(27)　呉濁流『アジアの孤児——日本統治下の台湾』一九四五年。引用は一九七三年新人物往来社再刊、五九—六〇頁。

(28)　河路由佳「日本統治下における台湾公学校の日本語教育と戦後台湾におけるその展開——当時の台湾人教師・日本人教師・台湾人児童からの証言」『人間と文化』（東京農工大学）九号、一九九八年七月、二六七—二六八頁。

(29)　同前、二六七頁。

(30)　同前、二七一頁。

(31)　山口喜一郎（一八七二〜一九五二年）は、台湾総督府国語学校教員であった一九〇三年に「国語教授の際に気付きし児童発音の誤りに就きて」（『台湾教育会雑誌』一七号、一九〇三年八月）を報告している。それ以外にも報告は多い。

(32)　川見駒太郎「台湾の方言」『台湾教育』三九三号、一九三五年四月、一〇三頁。

(33)　昭和二一年五月二八日勅令第二八七号「外地官署所属職員の身分に関する勅令」による。外地の官署所属の職員（福田の場合は台北帝国大学教授）は内地帰還一ヵ月後、すでに一ヵ月が過ぎている者は勅令施行の日（五月三一日）に「退官又は退職する」というもの。「俸給その他の給与は、本俸を除いては、外務大臣が大蔵大臣と協議して定めるところにより、その一部を支給しないこととすることができる」とある。

(34)　福田良輔の略歴および業績については、九州大学文学部国語国文学研究室福田良輔教授退官記念事業会『福田良輔教授退官記念論文集』大日本印刷株式会社、一九六九年、および『語文研究』九州大学国語国文学会、三七号、一九七四年八月を参照。

(35)　『国語の台湾』は日本では創刊号しか図書館には所蔵されていない模様だが、蔡茂豊『中国人に対する日本語教育の史的研究』（博士学位申請論文、一九七七年）によれば、第二号（一九四一年一二月）、第三号（一九四二年二月）まで刊行が確認され（三七六―三七七頁）、台湾の図書館（国立中央図書館台湾分館など）に所蔵されている。また、本章での『台湾教育』の国語教育関連論文は、同書所収のリストを参照して収集した。

(36) 福田良輔「台湾国語問題覚え書」『台大文学』六巻三号、一九四一年七月、五、一〇、六、一三頁。

(37) 文部省教育調査部『教育制度の調査』第一一輯、一九四〇年三月、一七六頁。この号は「フランス植民地に於ける教育」の「第一編　フランス領印度支那に於ける教育」が「まへがき」「第一章」「第二章」が掲載される（ちなみに第二編は「フランス領西アフリカに於ける教育」である）。その次の文部省教育調査部『教育制度の調査』第一二輯は一九四一年三月に刊行されているが、そこでは「フランス領印度支那に於ける教育（承前）」として「第三章」「第四章」「第五章」「結語」が掲載されている。一九四〇年から四一年にかけての日本軍の仏印進駐という事態と平行して、こうした情報が翻訳紹介されていったわけである。

(38) 福田良輔「台湾に於ける国語の二つの姿（上）」『国語の台湾』一号、一九四一年一一月、一四―一五頁。出典は文部省教育調査部『教育制度の調査』第一二輯、一九四一年、一一一―一一二頁。

(39) 文部省教育調査部『教育制度の調査』第一二輯、一九四一年、一一二、一一三頁。

(40) 福田良輔「台湾に於ける国語の二つの姿（上）」『国語の台湾』一号、一九四一年一一月、一五頁。

(41) 同前、一六頁。

(42) 泉清耀「本島青年の国語」『民俗台湾』四巻一二号、一九四四年十二月、一三頁。

(43) 齋藤義七郎「台湾に於ける言葉をめぐつて」、国語文化学会『外地・大陸・南方日本語教授実践』国語文化研究所、一九四二年。また、川村湊『海を渡った日本語――植民地の「国語」の時間』青土社、一九九四年、第二章も参照。

(44) 佳山良正『台北帝大生戦中の日々』築地書館、一九九五年、一三頁。

(45) 山口薫「『東亜日本語論』に記された台湾人の日本語の発音」『名古屋・方言研究会会報』一五号、一九九八年。ただし、老年層には変化はないものの、若年層においては、日本からの直接の影響などによって、アクセントに揺れが生じてきているというような報告もある(張雪玉「台湾に於ける日本語アクセントの動態——老年層と若年層との比較から」『文芸研究』一三〇号、一九九二年五月)。

(46) 野沢泰子「台湾人留学生の日本語学習に於ける音声の諸問題についての報告」『日本語と日本語教育』三号、一九七四年。近年では劉秋燕「台語母語話者にみられる日本語歯茎音/d.n.r/の聴取傾向」『日本語教育』一〇七号、二〇〇〇年一〇月など、多数にわたる。

(47) 寺尾康『言い間違いはどうして起こる?』岩波書店、二〇〇二年、一二八—一二九頁。

(48) 齋藤義七郎「本島人の国語訛音について」『民俗台湾』三巻二号、一九四三年二月。

(49) 松末三男「国語訛音の一調査」『台湾教育』四八〇号、一九四二年七月、三頁。

(50) 松末三男『公民館春秋』三生社、一九七五年、奥付。

(51) 福田良輔「台湾に於ける国語の二つの姿(上)」『国語の台湾』一号、一九四一年一一月、一六—一七頁。

(52) 同前、一七頁。

(53) 川見駒太郎「台湾に於て使用される国語の複雑性——附、方言の発生」『日本語』二巻三号、一九四二年三月、三四頁。なお、この日本人婦人と台湾人野菜売りの会話は、川見駒太郎「台湾の国語はこれでよいか」(『台湾地方行政』一九四一年一〇月)にも掲載されており、川見がこれを好個の事例として使いまわしていたことがわかる。

(54) 金水敏「役割語としてのピジン日本語の歴史素描」、上田功・野田尚史編『言外と言内の交流分野——小泉保博士傘寿記念論文集』大学書林、二〇〇六年、一七四頁。
(55) 『月刊 言語』三二巻三号、二〇〇三年三月、一二〇—一二一頁。
(56) 福田良輔「台湾に於ける国語の二つの姿(上)」『国語の台湾』一号、一九四一年一一月、一七頁。
(57) 同前、一七頁。なお、開港以降発生した英語と日本語のピジンなども含んだ研究成果として、蜂矢真郷編『文献に現れた術語形式と国語史の不整合について』(二〇〇三〜二〇〇四年度科学研究費補助金基盤研究(C)、二〇〇五年)がある。また、「ピジン日本語」を、ステレオタイプ化された「役割語」という観点から論じたものに、金水敏「役割語としてのピジン日本語の歴史素描」(金水敏編『役割語研究の地平』くろしお出版、二〇〇七年)がある。なお、横浜開港後の居留地において、日本語交じりの言語変種が話されるようになり、Pidgin English あるいは日本語が中心のものは YOKOHAMA Dialect と呼ばれていた。植民地での言語接触とはまた異なる位相がここにはあるのだが、詳細は、たとえば亀井秀雄「ピジン語の生まれる空間——横浜居留地の雑種語」、テッサ・モーリス=スズキ・吉見俊哉編『グローバリゼーションの文化政治』平凡社、二〇〇四年を参照。あるいは、日本語を中心としたピジン現象の歴史変遷を簡単に追ったものに、金水敏「役割語としてのピジン日本語の歴史素描」、上田功・野田尚史編『言外と言内の交流分野——小泉保博士傘寿記念論文集』大学書林、二〇〇六年がある。
(58) 福田良輔「台湾に於ける国語の二つの姿(上)」『国語の台湾』一号、一九四一年一一月、一七頁。
(59) 福田良輔「大東亜及び南方共栄圏日本語問題雑考」『台湾教育』四八四号、一九四二年一一月、四九、五二頁。
(60) 同前、五四頁。
(61) 同前、五三頁。

(62) 代表的なものに、英文学者の土居光知による『基礎日本語』（六星館、一九三三年）がある。これはオックスフォード大学のオグデンとリチャードが提唱したBASIC ENGLISH（このBASICは、British, American, Sientific, International, Commercial の頭文字）にならって、約千語の単語で表現できる簡易な日本語を提唱したものである。

(63) 寺川喜四男『台湾に於ける国語音韻論』台湾学芸社、一九四二年、一〇六―一〇九頁

(64) 同前、四八四頁

(65) 同前、四〇一頁

(66) 同前、四八〇―四八一頁

(67) 寺川喜四男『大東亜諸言語と日本語』大雅堂、一九四五年、五―六頁

(68) 詳細は、安田敏朗『〈国語〉と〈方言〉のあいだ――言語構築の政治学』人文書院、一九九九年、および安田敏朗『近代日本言語史再考――帝国化する「日本語」と「言語問題」』三元社、二〇〇〇年、第六章を参照。

(69) 金関丈夫「台湾の「へ」」『民俗台湾』四巻二号、一九四四年二月、三五頁。

(70) 吉原保「本島訛音の国語音韻史的考察」『台湾教育』四五六号、一九四〇年七月、三九頁。

(71) 同前、四〇頁。

(72) 同前、四五頁。

(73) 吉原保「本島訛音の国語音韻史的考察」『台湾教育』四五六号、一九四〇年七月、四七頁。

(74) 木村万寿夫「公学校児童の発音転訛例とその矯正法」『台湾教育』四二一号、一九三七年九月、四五頁。

(75) 寺川喜四男『大東亜諸言語と日本語』大雅堂、一九四五年、一頁。

(76) 同前、三頁。

(77)寺川喜四男「共栄圏日本語の訛音の問題」『国語文化』四巻二号、一九四四年二月、一五五頁。
(78)都留長彦「台湾方言について」『国語の台湾』一号、一九四一年一一月、三〇頁。
(79)福田良輔「台湾に於ける国語の二つの姿（下）」『国語の台湾』二号、一九四一年一二月、三―四頁。
(80)同前、六頁。
(81)真田信治『地域言語の社会言語学的研究』和泉書院、一九九〇年、三四〇―三四三頁。
(82)金沢裕之「「んかった」考」『岡山大学文学部紀要』二五号、一九九六年七月、一九三頁。
(83)ただし、金沢裕之によれば、宮崎県延岡では明治期に「んかった」という形が記録されているということなので、台湾の「んかった」についてはその影響も考慮する必要があるかとも思われる。
(84)川見駒太郎「台湾に於て使用される国語の複雑性――附、方言の発生」『日本語』二巻三号、一九四二年三月、三四、三五頁。
(85)同前、三五頁。
(86)齋藤義七郎「台北市児童の方言」『国語研究』七巻一号、一九三九年一月。
(87)川見駒太郎「台湾に於て使用される国語の複雑性――附、方言の発生」『日本語』二巻三号、一九四二年三月、三五頁。
(88)同前、三六―三九頁。
(89)同前、三八頁。
(90)川見駒太郎「台湾に於て使用される国語の複雑性（二）――附、方言の発生」『日本語』二巻四号、一九四二年四月、六一頁。
(91)川見駒太郎「親としての立場から」『台湾教育』四一四号、一九三七年一月。
(92)福田良輔「台湾国語問題覚え書」『台大文学』六巻三号、一九四一年七月、一五頁。

(93) 福田良輔「台湾における国語の二つの姿（下）」『国語の台湾』二号、一九四一年一二月、七頁。

(94) 都留長彦「台湾方言について」『国語の台湾』一号、一九四一年一一月、三一頁。

(95) 同前、三〇頁。「一個もない」については、川見駒太郎「台湾の方言」（『台湾教育』三九三号、一九三五年四月）では、「一向と混同して、一寸も、少しもの意に使用される」とされている（一〇四頁）。なお、前々注の福田論文にも同様の指摘がある。

(96) 金澤裕之『留学生の日本語は、未来の日本語――日本語の変化のダイナミズム』（ひつじ書房、二〇〇八年）は表題の通り、日本語の「ゆれ」に関する母語話者の判断・使用例と学習者の判断・使用例とが類似してくることを指摘している。観点としては、植民地での非母語話者が変化の「先取り」をしているという構図と同じである。また、簡月真は、現在台湾で使用されている「残留日本語」のなかに〈新情報認知要求〉の機能をもつ「でしょ」があることを指摘している。聞き手にとって未知の情報なのに「でしょ」を付して使う用法のことだが、近年日本の若年層を中心に広まっている用法である。簡はこのいわば併用的変化を「台湾日本語における改新的変化は、日本国内の言語変化を先取りしたものである」ととらえている（簡月真著・真田信治監修『台湾に渡った日本語の現在――リンガフランカとしての姿』明治書院、二〇一一年、一三八頁）。

(97) 原住民の就学状況については、北村嘉恵『日本植民地下の台湾先住民教育史』北海道大学出版会、二〇〇八年の第八章に詳しい。

(98) 三角生「理蕃通信」『台湾警察協会雑誌』一二〇号、一九二七年六月、一五九頁。

(99) 同前、一五九―一六〇頁。

(100) 『高砂族の教育』台湾総督府警務局、一九四三年、五八頁。

(101) 一九九〇年代に聞きとり調査をおこなった前田均は、こうした原住民の村で日本語が使用されてはいるものの、「部族・地域によってかなり差があるという感想」をもったという。そして、日本語が「そううまくな」いのは、「蕃童教育所」での教育であったからではないか、と推測している（前田均「日本統治下台湾の蕃童教育所女性補助教員からの聞きとり」『天理大学学報』第一八三輯、一九九六年九月、二三九頁）。「簡単なる日常の用務」の程度を推察させる。

(102) 近藤正己『総力戦と台湾――日本植民地崩壊の研究』刀水書房、一九九六年、二九五頁。

(103) 鐘ヶ江龍文「教育所教育漫談」『理蕃の友』第二年一〇月号、一九三三年一〇月、一〇頁（松田吉郎『台湾原住民と日本語教育――日本統治時代台湾原住民教育史研究』晃洋書房、二〇〇四年、一八六頁参照）。

(104) 北村嘉恵『日本植民地下の台湾先住民教育史』北海道大学出版会、二〇〇八年、一一四頁。

(105) 近藤正己『総力戦と台湾――日本植民地崩壊の研究』刀水書房、一九九六年、二九三頁。

(106) 北村嘉恵『日本植民地下の台湾先住民教育史』北海道大学出版会、二〇〇八年、一七一頁。

(107) 同前、一八一頁。

(108) 三尾裕子「警察官用原住民語教科書に見える原住民へのまなざし」、植野弘子・三尾裕子編『台湾における〈植民地〉経験――日本認識の生成・変容・断絶』風響社、二〇一一年、二八八頁。

(109) 馬淵東一「故小川尚義先生とインドネシア語研究」『民族学研究』一三巻二号、一九四八年、一六一頁。なお、馬淵東一の台湾原住民研究については、笠原政治編『馬淵東一と台湾原住民族研究』風響社、二〇一〇年を参照。

(110) この点については、安田敏朗「知里幸恵と帝国日本言語学」、西成彦・崎山政毅編『異郷の死――知里幸恵、そのまわり』人文書院、二〇〇七年、一六七―一七〇頁に表としてまとめた。

(111) 佳山良正『台北帝国大学戦中の日々』築地書館、一九九五年、六六頁。

(112) 野上豊一郎・野上弥生子『朝鮮・台湾・海南諸港』拓南社、一九四二年、一五〇―一五二頁。
(113) 同前、一六〇頁。
(114) 同前、一六三―一六五頁。ルビは原文。
(115) 山路勝彦『台湾の植民地統治――〈無主の野蛮人〉という言説の展開』日本図書センター、二〇〇四年。
(116) 沼井鉄太郎「台湾登山小史」『山岳』三四巻二号、一九三四年、一頁。
(117) 同前、六頁。近代日本における軍事目的のための測量地図作成については、牛越国昭(李国昭)『対外軍用秘密地図のための潜入盗測――外邦測量・村上手帳の研究』第一編、同時代社、二〇〇九年を参照。
(118) 一九四三年時点で、台湾には台湾山岳会もあわせて九つの山岳会が存在していたという(西本武志『十五年戦争下の登山――研究ノート』本の泉社、二〇一〇年、一三九頁)。
(119) 曾山毅『植民地台湾と近代ツーリズム』青弓社、二〇〇三年、第六章。植民地期台湾での登山の歴史に関して、より詳細には、林玫君『從探險到休閒――日治時期臺灣登山活動之歴史圖像』博揚文化、二〇〇六年がある。
(120) 田中薫「台湾山岳会の三十年――戦前戦後を通じて」『岳人』一八五号、一九六三年九月、一二一頁。
(121) 同前、一二二頁。
(122) 田中薫の略歴・業績については、「田中薫博士略歴・著作目録」『国民経済雑誌』(神戸大学経済経営学会)一〇六巻五号(一九六二年一一月)、木内信蔵「田中薫先生のプロフィル」『成城大学　経済研究』四〇号(一九七二年一二月)、山岳関係は、「追悼」(円満字正和筆)『山岳』(日本山岳会)第七八年(一九八三年)を参照。
(123) 近藤雅樹編『大正昭和くらしの博物誌――民族学の父・渋沢敬三とアチック・ミュージアム』河出書

房新社、二〇〇一年、一八頁。

(124) 西本武志『十五年戦争下の登山――研究ノート』本の泉社、二〇一〇年、三〇頁。

(125) 安川茂雄『増補　近代日本登山史』四季書館版、一九七六年。

(126) 田中薫『登山』(日本体育叢書　第一五篇)目黒書店、一九二五年。

(127) 田中薫『台湾の山と蕃人』古今書院、一九三七年、一三頁。

(128) 同前、八六頁。また、一九三五年に台湾を息子とともに訪れた野上弥生子は、「大学の土俗学の研究室を訪づれた時、骨になつたモナルーダオにめぐりあつた」と記している(野上豊一郎・野上弥生子『朝鮮・台湾・海南諸港』拓南社、一九四二年、二二三頁)。なお、モーナ・ルーダオのミイラは一九七三年まで、台北帝国大学の後身にあたる台湾大学考古人類学系に保存されていたという(戴國煇編著『台湾霧社蜂起事件――研究と資料』社会思想社、一九八一年の、モーナ・ルーダオのミイラの口絵解説参照。口絵の写真は、井出季和太『台湾治績志』台湾日日新聞社、一九三七年、七九四頁(復刻、青史社、一九八八年)による)。

(129) 田中薫『台湾の山と蕃人』古今書院、一九三七年、八六―八七頁。

(130) 田中薫「台湾の山と人――高砂族は今も日本人を慕っている」『文藝春秋』一九六三年七月特別号、二七九頁。

第四章

(1) この間の事態について、たとえば曾健民『1945破暁時刻的台灣――八月十五日後激動的一百天』聯經、二〇〇五年を参照。

(2) 李承機「一九三〇年代台湾における「読者大衆」の出現――新聞市場の競争化から考える植民地のモ

ダニティ」、呉密察・黄英哲・垂水千恵編『記憶する台湾――帝国との相克』東京大学出版会、二〇〇五年。

(3) 陳培豊（中川仁訳）「台湾における二つの国語「同化」政策――近代化・民族化・台湾化」『ことばと社会　別冊二　特集　脱帝国と多言語化社会のゆくえ』三元社、二〇〇五年、四七頁。

(4) 同前、四九頁。

(5) 同前、五一頁。

(6) 「配電システム」とはベネディクト・アンダーソンが『想像の共同体――ナショナリズムの起源と流行』（白石さや・白石隆訳、リブロポート、一九八七年）で用いた用語であるが、言語による統合のあり方を示す概念として転用した。詳細は安田敏朗『統合原理としての国語――近代日本言語史再考Ⅲ』三元社、二〇〇六年参照。

(7) 李尚霖「漢字、台湾語、そして台湾話文――植民地台湾における台湾話文運動に対する再考察」『ことばと社会』九号、二〇〇五年。

(8) 李衣雲「実像と虚像の衝突――戦後台湾における日本イメージの再上昇の意味、1945―1949」『東京大学大学院情報学環紀要　情報学研究』六九号、二〇〇六年三月、一三九、一四九頁。

(9) 松永正義『台湾を考えるむずかしさ』研文出版、二〇〇八年、八四―八五頁。

(10) 川島真「日華関係正常化の進行――一九五〇―五七年」、川島真・清水麗・松田康博・楊永明著『日台関係史　1945―2008』東京大学出版会、二〇〇九年、五八頁。

(11) 王育徳『台湾――苦悶するその歴史』弘文堂、一九六四年、まえがき、一頁。

(12) 丸川哲史『台湾ナショナリズム――東アジア近代のアポリア』講談社選書メチエ、二〇一〇年、五一頁。

(13) たとえば、一九七七年に日本から五六万一千人ほどが台湾を訪れたが、台湾を訪問した外国人の六〇・六%を占めている。さらに訪台日本人の九割が男性であったといい、作家黄春明の「莎喲娜啦・再見」(一九七三年)で描かれる日本人の「買春」観光も多かったと思われる(日本語訳は田中宏・福田桂二訳『さよなら・再見――アジアの現代文学　台湾』めこん、一九七九年。数値は同書あとがき、二〇八頁より)。

(14) 三澤真美恵「「戦後」台湾での日本映画見本市――一九六〇年の熱狂と批判」、坂野徹・愼蒼健編著『帝国の視角/死角――〈昭和期〉日本の知とメディア』青弓社、二〇一〇年、二三三頁。

(15) ホセ・リサール(岩崎玄訳)『ノリ・メ・タンヘレ――わが祖国に捧げる』井村文化事業社、一九七六年、ホセ・リサール(岩崎玄訳)『反逆・暴力・革命――エル・フィリブステリスモ』井村文化事業社、一九七六年。また、テオドロ・アゴンシルリョ(Teodoro A. Agoncillo)の *A Short History of the Philippines* を『フィリピン史物語――政治・社会・文化小史』として翻訳(井村文化事業社、一九七七年)している。

(16) 岩崎玄「台湾における日本語」『言語生活』一五八号、一九六四年一一月、七四頁。

(17) 同前、七四頁。

(18) 同前、七八頁。

(19) 同前、七七頁。

(20) 東南アジア研究会『台湾の表情――台湾はどう変わったか』古今書院、一九六三年、三五頁。

(21) 同前、三八頁。

(22) 木村万寿夫「台湾における日本語教育」『鳥取大学教育学部研究報告・教育科学』八号、一九六六年一二月、一一二頁。

(23) 岩崎玄「台湾における日本語」『言語生活』一五八号、一九六四年一一月同前、七六、八〇頁。
(24) 同前、八一頁。
(25) 平野久美子『トオサンの桜——散りゆく台湾の中の日本』小学館、二〇〇七年、二二三頁。
(26) 宮崎政弘「美しい日本語は台湾に学べ」『諸君』三四巻三号、二〇〇二年三月。
(27) 一九三六年生まれの芳野菊子には、植民地経験はなさそうである。横浜市・川崎市の中学校教諭をしつつ、横浜国立大学に国内留学し、作文教育史に関する研究をおこなう。川崎市教育委員会指導主事や文部省中学校道徳指導資料作成協力者、文部省中学校国語科学習指導要領作成協力者などをつとめる。著書に『国語教育の情報化』明治図書、一九八九年、『国語メディア研究への挑戦　第4巻　中学・高校編』明治図書、二〇〇三年（井上尚美と共著）など、国語科における情報メディア教育に関する著書がある。中学校教員を定年退職後は、産業能率大学教授をつとめる。
(28) 芳野菊子「台湾の言語生活」『言語生活』一六五号、一九六五年六月、七三頁。
(29) 魚返善雄「台湾日本語教育の秘密——宇井英著「国語入門」の新しさ」『言語生活』一六八号、一九六五年、七五頁。
(30) 同前、七四頁。
(31) 池田浩士編『カンナニ——湯浅克衛植民地小説集』インパクト出版会、一九九五年および同書に収められている梁禮先による「湯浅克衛年譜」を参照。
(32) 湯浅克衛「日本語は花ざかり　十七年目の韓国（第二回）」『論争』四巻九号、一九六二年一〇月、一七三頁。
(33) 成田龍一『「戦争経験」の戦後史——語られた体験／証言／記憶』岩波書店、二〇一〇年、二一一頁。
(34) 同前、第二章第二節参照。

(35) 同前、第三章第二節参照。また、成田龍一「「他者」への想像力——大日本帝国の遺産相続人として」『地域研究』七巻二号、二〇〇六年三月も参照。
(36) 成田龍一『「戦争経験」の戦後史——語られた体験/証言/記憶』岩波書店、二〇一〇年、一七三頁。
(37) 楊素秋『日本人はとても素敵だった』桜の花出版、二〇〇三年、一二四—一二五頁。
(38) 吉原保「台湾における国語教育の思い出」『言語生活』一七五号、一九六六年四月、七三頁。
(39) 同前、七三頁。
(40) 同前、七五頁。
(41) 同前、七五—七六頁。
(42) 同前、七六頁。
(43) 同前、七八—七九頁。
(44) 同前、七八頁。
(45) 原住民への国語普及の重要性は、かれらの側からも主張されていた。松田吉郎の指摘によれば、川中島警手である中山清(本名「ピホ、ワリス」)は、『理蕃の友』第二年六月号(一九三三年六月)の「国語普及に就て」を寄せ、そのなかで「原住民相互の意思疎通の手段、原住民の「陋習」打破、即ち、抗日を行わない思想養成のために「国語」教育の必要性を主張している」という(松田吉郎『台湾原住民と日本語教育——日本統治時代台湾原住民教育史研究』晃洋書房、二〇〇四年、一八六—一八七頁)。
(46) 陳培豊「同文の植民地支配が生んだ文体の想像——帝国漢文・植民地漢文・中国白話文」、王徳威・廖炳惠・松浦恆雄・安倍悟・黄英哲編『帝国主義と文学』研文出版、二〇一〇年。
(47) 木村万寿夫「台湾における日本語教育」『鳥取大学教育学部研究報告　教育科学』八号、一九六六年一二月、一二頁。

(48) 国民精神文化研究所は、一九三〇前後の学生の「左傾化」に対応するために、文部省の学生思想問題調査委員会（一九三一年設置）の答申にもとづき一九三二年に設置された、研究部と事業部とからなる機関であった（一九四三一一月に教学錬成所に改組）。マルキシズムに代表される「外来」思想の批判的研究と同時に「国体」の研究の徹底化をはかるもので、諸種の研究紀要・機関誌・文献を刊行している。この事業部において、現役教員に対する研修などをおこなっていた。

(49) 木村万寿夫「台湾における国語教育の思い出」『国語教育研究』（広島大学教育学部光葉会）一二号、一九六六年九月、一六頁。

(50) 木村万寿夫「伊沢修二と台湾教育の創業」『鳥取大学教育学部研究報告　教育科学』九号、一九六七年一二月。

(51) たとえば、以下参照。木村万寿夫「公学校児童の発音転訛例とその矯正法」『台湾教育』四二二号、一九三七年九月、「国民精神の涵養と国語教育」『台湾教育』四三一号、一九三八年六月、「国語と国民性――音韻上の考察」『台湾教育』四三四号、一九三八年九月、「口語法指導に於ける言語文字の訓練」『台湾教育』四五六号、四五八号、四五九号、四六一号、一九四〇年七月、九月、一〇月、一二月など。

(52) 木村万寿夫『国語音声の特質と国語教育』台湾日日新報社、一九三八年、はしがき。

(53) 同前、三頁。

(54) 同前、一頁。

(55) 木村万寿夫「敬語の使ひ方（一）」『国語の台湾』三号、一九四二年二月、三―四頁。

(56) 木村万寿夫「台湾に於ける国語教育の諸問題」『国文学攷』（広島文理科大学国語国文学会）四巻一輯、一九三八年九月。

(57) 木村万寿夫「台湾における国語教育の思い出」『国語教育研究』（広島大学教育学部光葉会）一二号、

一九六六年九月、一五―一六頁。

(58) 豊田国夫『民族と言語の問題――言語政策の課題とその考察』錦正社、一九六四年、一四六頁。

(59) 同前、五五頁。

(60) 豊田国夫『日本人の言霊思想』講談社学術文庫、一九八〇年、二三四頁。このほかに言語政策研究に関連して、『言語政策の研究』錦正社、一九六八年がある。そして、日本の言語政策における「過信の根源」を追い求めるという方向から、「言霊思想」の研究に進み、『言霊信仰――その源流と史的展開』八幡書店、一九八五年などの著作にいたる。しかしながら、その「言霊観」が近代日本の言語政策にどのように作用したのか、という初発の問題関心に戻ってきてはいないようである。

(61) 木村万寿夫「伊沢修二と台湾教育の創業」『鳥取大学教育学部研究報告　教育科学』九号、一九六七年一二月、一頁。

(62) 同前、七頁。

(63) 木村万寿夫「台湾における日本語教育」『鳥取大学教育学部研究報告　教育科学』八号、一九六六年一二月、二三―二四頁。

(64) 木村万寿夫の著作には、『現代日本語の文章表現法』くろしお出版、一九七三年、『国語問題と国語教育』くろしお出版、一九七九年などがあり、国語審議会の施策を基本的に承認する議論がなされている。また、ローマ字教育に関する以下のような論文もある。木村万寿夫「ローマ字分ち書きの研究」『鳥取大学学芸学部研究報告　人文科学』四号、一九五四年一二月、「ローマ字指導の問題点」『鳥取大学学芸学部研究報告　教育科学』四号、一九六二年一一月、「ローマ字指導の問題点」『鳥取大学教育学部研究報告　教育科学』一〇巻二号、一九六八年一二月など。

(65) 朝鮮に関してではあるが、大韓帝国末から植民地期にかけて、日本内地からの教員の移動（西日本六県出身者と、高等師範学校四校の卒業生）について論じたものに、稲葉継雄『旧韓国～朝鮮の日本人教員』九州大学出版会、二〇〇一年がある。ただし、敗戦後の再配置については議論の対象にはなっていない。また本間千景『韓国「併合」前後の教育政策と日本』思文閣出版、二〇一〇年も参照。逆に考えれば、植民地で教員をしていた台湾人や朝鮮人がどのように一九四五年以降も教育に携わっていたのか、あるいはいなかったのか、といったテーマも成り立つ。ちなみに、日本内地の学校教員の適格検査は、一九四六年五月七日時点で在職していた者を対象におこなわれている（山本礼子『占領下における教職追放――GHQ・SCAP文書による研究』明星大学出版部、一九九四年）が、植民地からの引揚げ教員についてはとくにまとまった研究はなさそうである。

(66) 石黒修「日本語教育とわたし」『日本語教育』一号、一九六二年一二月、四八―四九頁。

(67) 吉原保「台湾における国語教育の思い出」『言語生活』一七五号、一九六六年四月、八〇頁。

(68) 河路由佳「日本統治下における台湾公学校の日本語教育と戦後台湾におけるその展開――当時の台湾人教師・日本人教師・台湾人児童からの証言」『人間と文化』（東京農工大学）九号、一九九八年七月、二八二―二八三頁。

(69) 同前、二六三頁。

(70) 前田均「日本統治下台湾の蕃童教育所女性補助教員からの聞きとり」『天理大学学報』一八三号、一九九六年九月、二三九頁。

(71) たとえば、台北二中の状況を描いたものに、林景明『日本統治下台湾の「皇民化」教育――私は十五歳で「学徒兵」となった』高文研、一九九七年がある。

(72) 田中薫「台湾山岳会の三十年――戦前戦後を通じて」『岳人』一八五号、一九六三年九月、二三―二四頁。

(73) 林玫君『台灣登山一百年』玉山社、二〇〇八年、八九頁。
(74) 田中薫「台湾の山と人——高砂族は今も日本人を慕っている」『文藝春秋』一九六三年七月特別号、二八〇頁。
(75) 同前、二八〇—二八一頁。
(76) 同前、二八二頁。
(77) 同前、二八五頁。
(78) 同前、二八六頁。
(79) 田中薫「台湾山岳会の三十年——戦前戦後を通じて」『岳人』一八五号、一九六二年九月、二四—二五頁。
(80) 芳野菊子「台湾の言語生活」『言語生活』一六五号、一九六五年六月、七五頁。

第五章

(1) 関正昭『日本語教育史研究序説』スリーエーネットワーク、一九九七年、一五頁。
(2) 同前、一六—一七頁。
(3) 木村万寿夫「台湾における日本語教育」『鳥取大学教育学部研究報告　教育科学』八号、一九六六年一二月、一—二頁。
(4) 杉本つとむ「台湾における日本語教育の方法と歴史」『武蔵野女子大学紀要』四号、一九六九年三月、九三頁。
(5) 同前、九三頁。
(6) 同前、九七—九八、一一〇、一一三頁。

（7）同前、一一二頁。

（8）同前、一〇七、一一三頁。

（9）同前、一一三―一一四頁。

（10）釘本久春「日本語普及史の諸問題」『日本諸学研究報告（第二十篇国語国文学）』文部省教学局、一九四三年、二七八頁（のちに、釘本『戦争と日本語』龍文書局、一九四四年に収める）。

（11）大出正篤『日本語普及の現状と将来――教授の困難性とその対策に就いて』非売品、一九四三年、五―六頁。

（12）蔡茂豊『中国人に対する日本語教育の史的研究』博士学位申請論文、一九七七年、六頁。

（13）すでにふれたように、一九七七年の蔡茂豊『中国人に対する日本語教育の史的研究』は、一九八九年に台湾の東呉大学日本文化研究所から『台湾における日本語教育の史的研究』として刊行される。また、増補として、『台湾日本語教育の史的研究』（上巻：一八九五年～一九四五年、下巻：一九四五年～二〇〇二年）大新書局、二〇〇三年が刊行されている。

（14）長沼直兄については財団法人言語文化研究所『長沼直兄と日本語教育』開拓社、一九八一年を参照。また、河路由佳「長沼直兄による敗戦直後の日本語教師養成講座――1945年度後半・「日本語教育振興会」から「言語文化研究所」へ」『日本語教育研究』五二号、二〇〇七年六月、同「長沼直兄らによる戦後早期の日本語教育のための調査研究――1945―1946「日本語教育振興会」から「言語文化研究所」へ（その2）」『日本語教育研究』五三号、二〇〇八年三月、同「長沼直兄（1945）『First Lessons in Nippongo』の成立と展開――長沼直兄の戦中・戦後」『東京外国語大学論集（*Area and Culture Studies*）』八一号、二〇一〇年一二月など参照。

（15）釘本久春「機関誌「日本語教育」発刊の意義」『日本語教育』一号、一九六二年一二月、二頁。

(16) 戸田昌幸「台湾の日本語教育事情」『日本語教育』四一号、一九八〇年七月、一一二頁。また、その後もふくめた台湾における日本語教育事情については、徐興慶「台湾における日本語教育の現状と問題点」『外国語教育――理論と実践』二五号、一九九九年などを参照。

(17) 岡本輝彦「戦後の台湾社会における日本語・日本語教育」『東京経営短期大学紀要』一三号、二〇〇五年三月、一一二頁。

(18) 久松潜一「国語教育と日本語教育」『日本語』一巻三号、一九四一年六月、五、八頁。

(19) たとえば、温鴻華「台湾における草創期の日本語教材の一考察――『台湾適用会話入門』の場合」『安田女子大学大学院文学研究科紀要』五号、二〇〇〇年三月、黄幸素「台湾の日本語教育における最初の指導用書『日本語教授書』の一考察」『言語文化研究』一号、二〇〇二年、林弘仁「領台初期日本語教科書の研究(1)『台湾適用会話入門』の構成」『久留米大学大学院比較文化研究論集』一二号、二〇〇二年七月、温鴻華「台湾における草創期の日本語教材の一考察――『台湾適用国語読本初歩上級』の場合」『安田女子大学大学院文学研究科紀要』九号、二〇〇三年度、林弘仁「『日本語教授書』の書誌的考察」『久留米大学大学院比較文化研究論集』一四号、二〇〇三年一〇月、泉史生「『日本語教授書』――植民地台湾における最初の日本語教授用図書」『言語と交流』一二号、二〇〇九年などがある。ちなみにこれらの研究は、教科書の分析であって、とくに「成果」を求めるようなものではない。

(20) こうした方向への違和感は、かつて日本語教育学会二〇〇二年春季大会シンポジウム「日本語教育史研究のこれから」で「日本語教育史と言語政策史のあいだ」として述べたのであるが、共感を得られることはなかった。そういうものなのだろう。要旨は『日本語教育』一一五号、二〇〇二年一〇月に掲載。

(21) 大岡保三「外地の国語教育」、『国語文化講座第6巻　国語進出篇』朝日新聞社、一九四二年、四一頁。

(22) 森田進「韓国における日本語教育」『コリア評論』二三七号、一九八一年一一月。

(23) 森田芳夫「韓国における日本語教育の歴史」『日本語教育』四八号、一九八二年一〇月、五頁。

(24) 森田芳夫については、永島広紀「森田芳夫」、古田博司・小倉紀蔵編『韓国学のすべて』新書館、二〇〇二年を参照した。なお、森田芳夫には『韓国における国語・国史教育——朝鮮王朝期・日本統治期・解放後』原書房、一九八七年という著作があるが、日本統治期については、「国語（日本語）教育」と「朝鮮語教育と辞典編纂」（同様に「国史（日本史）教育」と「朝鮮史の編修、文化財・旧慣等の調査」）という目次がたてられている。こういう区分の方が妥当に思われる。

(25) 稲葉継雄「韓国に置ける日本語教育史」『日本語教育』六〇号、一九八六年一一月。

(26) 金賢信『異文化間コミュニケーションからみた韓国高等学校の日本語教育』ひつじ書房、二〇〇八年。

(27) 関正昭・平高史也編『日本語教育史』アルク、一九九七年、関正昭『日本語教育史研究序説』スリーエーネットワーク、一九九七年。

(28) 조문희『일본어 교육사 上』제이앤씨、二〇一一年、一三頁。

(29) 弘谷多喜夫・広川淑子「日本統治下の台湾・朝鮮における植民地教育政策の比較史的研究」『北海道大学教育学部紀要』二二号、一九七三年一一月。

(30) 小沢有作「日本植民地教育政策論——日本語教育政策を中心にして」『東京都立大学人文学報』八二号、一九七一年三月、四頁。

(31) 前田均「戦後初期台湾における日本語使用」『山邊道』四〇号、一九九六年三月、一一三頁。

第六章

(1) 吉原保「台湾における国語教育の思い出」『言語生活』一七五号、一九六六年四月、八〇頁。

(2) 芳野菊子「台湾の言語生活」『言語生活』一六五号、一九六五年六月、七六頁。しかし、簡月真著・真田信治監修『台湾に渡った日本語の現在――リンガフランカとしての姿』（明治書院、二〇一一年）によれば、原住民間の共通語（リンガフランカ）として、現在に至るまで様々に変化をしながら使用され続けている。

（3）松田康博「台湾の民主化と新たな日台関係の模索――一九八八―九四年」、川島真・清水麗・松田康博・楊永明著『日台関係史　1945―2008』東京大学出版会、二〇〇九年、一七〇頁。

（4）これは各種の調査があるが、たとえば甲斐ますみ「台湾人老年層の言語生活と日本意識」『日本語教育』九三号、一九九七年七月、合津美穂「日本統治時代の台湾における日本語意識――漢族系台湾人を対象として」『信州大学留学生センター紀要』二号、二〇〇一年三月、酒井恵美子「台湾少数民族の日本語使用の現状（1）――タイヤル族集落の調査より」『社会科学研究』二二巻二号、二〇〇二年、西村一之「台湾先住民アミの出稼ぎと日本語――遠洋漁業を例として」、上水流久彦「自画像形成の道具としての「日本語」――台湾社会の「日本」を如何に考えるか」、ともに五十嵐真子・三尾裕子編『戦後台湾における〈日本〉――植民地経験の連続・変貌・利用』風響社、二〇〇六年に収める。一九九〇年代後半以降の研究については、上水流論文に簡潔なまとめがある。

（5）たとえば、磯田一雄「日本の植民地支配は「成功」したか――台湾における日本語教育を中心に」『アジア文化研究』七号、二〇〇〇年六月など。

（6）岩中貴裕「台湾における日本語教育――その歴史的意味の再考」『論攷』（神戸女子短期大学）四八巻、二〇〇三年、三七頁。

（7）陳培豊『「同化」の同床異夢――日本統治下台湾の国語教育史再考』三元社、二〇〇一年。

（8）合津美穂「日本統治時代における台北市在住「台湾人」の日本語使用――社会的変種の使用について」『信州大学留学生センター紀要』一号、二〇〇〇年三月、五八頁。

(9) 合津美穂「漢族系台湾人高年層の日本語使用――言語生活史調査を通じて」『信州大学留学生センター紀要』三号、二〇〇二年三月、四二頁。
(10) 中野裕也「台湾原住民村落内に残存する日本語――世代ごとの日本語能力の推移と村民の使用する日本語の特色」『芸文研究』七四号、一九九八年、一七九頁。
(11) 中野裕也「台湾先住民の日本語――ツオウ族とルカイ族で使用されている日本語の比較」『慶応義塾大学語学視聴覚研究室紀要』三二号、一九九九年など。
(12) 真田信治・簡月真「台湾の日本語クレオール」『言語』三七巻六号、二〇〇八年六月、九五頁。
(13) 土田滋「前書き」、『台湾原住民研究』第一二号、二〇〇八年三月、一二五頁。
(14) 猪俣るー『愛する日本の孫たちへ――かつて日本人だった台湾日本語族の証言集1』桜の花出版、二〇〇七年、七二頁。
(15) 酒井恵美子「台湾少数民族の日本語使用の現状(1)――タイヤル族集落の調査より」『社会科学研究』二二巻二号、二〇〇二年、一―二頁。
(16) 福田良輔「台湾に於ける国語の二つの姿(上)」『国語の台湾』一号、一九四一年一一月、一七頁。
(17) 真田信治・簡月真「台湾における日本語クレオールについて」『日本語の研究』四巻二号、二〇〇八年四月。
(18) 真田信治・簡月真「台湾の日本語クレオール」『言語』三七巻六号、二〇〇八年六月、九七頁。
(19) 台北帝国大学土俗・人類学研究室調査『台湾高砂族系統所属の研究　第一冊(本篇)』刀江書院、一九三五年、三一―四一頁。なお、移動経路の地図も付されている。
(20) 近藤正己『総力戦と台湾――日本植民地崩壊の研究』刀水書房、一九九六年、二七四―二八三頁。
(21) 真田信治・簡月真「台湾の日本語クレオール」『言語』三七巻六号、二〇〇八年六月、九六頁。

(22) 同前、七二―七五頁。

(23) 安部清哉・土田滋・新居田純野「アタヤル語（泰雅語）の寒渓方言に入った日本語――台湾原住民言語能力試験問題における」『東洋文化研究』一〇号、二〇〇八年三月、三二―三三頁。なお、この論文には資料として土田・李が採集したタイヤル語寒渓方言、タイヤル語に入った日本語のリストが付されている。

(24) 同前、三一―三二頁。

(25) 同前、四六頁。

(26) 山本芳美「台湾原住民族のオンライン言語テキストと言語能力テスト――総計360冊の教科書と台湾全土で実施される言語能力テスト」『台湾原住民族研究』第一二号、二〇〇八年三月、一四八頁。

(27) 同前、一四八頁。

(28) 安部清哉・土田滋・新居田純野「アタヤル語（泰雅語）の寒渓方言に入った日本語――台湾原住民言語能力試験問題における」『東洋文化研究』一〇号、二〇〇八年三月、三四―三五頁。同論文の四一頁には、この間の試験での「泰雅語寒渓方言」のあつかいをまとめた表がある。

(29) 同前、四〇、四二頁。

(30) 同前、三五頁。

(31) 真田信治・簡月真「台湾の日本語クレオール」『言語』三七巻六号、二〇〇八年六月、九五頁。

(32) 安部清哉・土田滋・新居田純野「アタヤル語（泰雅語）の寒渓方言に入った日本語――台湾原住民言語能力試験問題における」『東洋文化研究』一〇号、二〇〇八年三月、四三頁。

(33) 真田信治・簡月真「台湾における日本語クレオールについて」『日本語の研究』四巻二号、二〇〇八年四月、七六頁。

(34) 真田信治・ダニエル・ロング・朝日祥之・簡月真編『改訂版　社会言語学図集——日本語・中国語・英語解説』秋山書店、二〇一〇年、八二頁。
(35) 真田信治・簡月真「台湾の日本語クレオール」『言語』三七巻六号、二〇〇八年六月、九八頁。
(36) 徳川宗賢「台湾のことばと日本語」『留学交流』七巻三号、一九九五年三月、五頁。この論文は真田信治氏のご教示による。
(37)「連鎖するコロニアリズム」に関しては、森宣雄『台湾/日本　連鎖するコロニアリズム』インパクト出版会、二〇〇一年を参照。敗戦後の日本の左翼も右翼も、台湾人の主張に耳を傾けることがなく宗主国的にふるまっていたと主張する森の文脈とは若干異なるのであるが、「かれらの日本語」への視線というものは継続しているように思うのである。
(38) 市之瀬敦『出会いが生む言葉　クレオール語に恋して』現代書館、二〇一〇年、二七三—二七四頁。

おわりに

(1) 宮崎政弘「美しい日本語は台湾に学べ」『諸君』三四巻三号、二〇〇二年三月、一五四頁。
(2) 染川清美「日本語残留孤児の居場所——日本統治後の台湾俳句の空間から」『大阪大学　日本学報』二八号、二〇〇九年三月、九九頁。
(3) 酒井充子『台湾人生』文藝春秋、二〇一〇年、八六頁。
(4) 同前、六〇頁。
(5) 青山学院大学文学部日本文学科編『異郷の日本語』社会評論社、二〇〇九年。
(6) 佐藤泉「いかんともしがたい植民地の経験——森崎和江の日本語」、青山学院大学文学部日本文学科編『異郷の日本語』社会評論社、二〇〇九年、八四頁。

（7）同前、八五頁。

（8）星名修宏「植民地の「混血児」――「内台結婚」の政治学」、藤井省三・黄英哲・垂水千恵編『台湾の「大東亞戦争」――文学・メディア・文化』東京大学出版会、二〇〇二年、二六八頁（引用文中の注は省略）。

（9）丸川哲史『台湾ナショナリズム――東アジア近代のアポリア』講談社選書メチエ、二〇一〇年、五六頁。

（10）『台湾万葉集』については、松永正義「台湾の日本語文学と台湾語文学」『台湾文学のおもしろさ』研文出版、二〇〇六年（初出は同題にて『一橋論叢』一一九巻三号、一九九九年三月）を参照。また、河路由佳「日本統治下の台湾における日本語教育と短歌――孤蓬万里編著『台湾万葉集』の考察」『東京農工大学　人間と社会』一一号、二〇〇〇年八月もある。

（11）大岡信『新折々のうた1』岩波新書、一九九四年、四六頁。

（12）大岡信「序文」、孤蓬万里編著『台湾万葉集』集英社、一九九四年、二頁。

（13）同前、四―五頁。

（14）同前、六頁。

（15）今井祥子「「日本語」をめぐる状況――台湾の／「私たち」の」『境界を越えて』（立教比較文明学会）二号、二〇〇二年二月、一五二頁。

（16）孤蓬万里『「台湾万葉集」物語』岩波ブックレット329、一九九四年、四三頁。なお、台湾版と異なり、集英社版『台湾万葉集』に収められた孤蓬万里の歌は少なかった。そこで、自叙歌伝『孤蓬万里半世紀』が「台湾万葉集補遺」を付して一九九七年に集英社から刊行されたが、これと『台湾万葉集　続編』、さらには台湾版の『台湾万葉集』中巻と下巻それぞれに犬養孝が序文を寄せている。

(17) 孤蓬万里『「台湾万葉集」物語』岩波ブックレット329、一九九四年、四四頁。
(18) 孤蓬万里編著『孤蓬万里半世紀――台湾万葉集・付』集英社、一九九七年、一五頁。
(19) 孤蓬万里編著『台湾万葉集』集英社、一九九四年、九頁。
(20) 犬養孝「『台湾版』序文」、孤蓬万里編著『台湾万葉集』集英社、一九九四年、一六頁。
(21) 孤蓬万里編著『台湾万葉集』集英社、一九九四年、三四七―三四九頁。
(22) 詳細は、品田悦一『万葉集の発明――国民国家と文化装置としての古典』新曜社、二〇〇一年を参照。
(23) 岡崎郁子『黄霊芝物語――ある日文台湾作家の軌跡』研文出版、二〇〇四年、一七九頁。これに関連して、歌人の内野光子も、孤蓬万里が美智子皇后と接したときの喜びなどの語り方が「誤解を招きやすい」と指摘している(内野光子「植民地における短歌とは――『台湾万葉集』をてがかりに」、『現代短歌と天皇制』風媒社、二〇〇一年、二九頁)。
(24) 何義麟『跨越国境線――近代台湾去殖民化之歴程』稲郷出版社、二〇〇六年、二一六―二一七頁。
(25) 陳培豊『「同化」の同床異夢――日本統治下台湾の国語教育史再考』三元社、二〇〇一年。
(26) 黄霊芝『台湾俳句歳時記』言叢社、二〇〇三年、一八六―一八七頁。
(27) たとえば、磯田一雄とのインタビューにおいても、日本語は「最初は便利だと思って習ったんです。〔……〕言いたいことが言える。日本語は非常に「ずるい」言語ですね。例えば漢字と仮名の組み合わせがあるし、この組み合わせにもいろいろあるし、〔……〕まるで大工さんがいっぱい道具を持って仕事をするような都合のよさですね。これを利用すればより完璧なものができる。日本語はそういう非常に都合のよい言語だと思うんです」(磯田一雄「台湾における日本語文芸活動の過去・現在・未来――俳句を中心にその教育文化史的意義を点描する」『成城文芸』一九七号、二〇〇六年一二月、五二頁)。
(28) 今井祥子「近代俳句史の周辺で――台湾と俳句」『境界を越えて』(立教比較文明学会)五号、二〇〇五年二月、一四九頁。

(29) 岡崎郁子『黄霊芝物語——ある日文台湾作家の軌跡』研文出版、二〇〇四年、一八二頁。

(30) 同前、八一頁。

(31) 磯田一雄「黄霊芝の俳句観と「台湾俳句」——台北俳句会における俳句指導(句評)を中心に」『成城文芸』二〇一号、二〇〇七年一二月、四四頁。

(32) 黄霊芝が主宰する「台湾川柳会」が結成されたのは一九七〇年のことだというが、政治にかかわる句をよまないということが不文律のようにあるという。それが短歌の場合との微妙な差異として存在することを論じたものに、染川清美「日本語残留孤児の居場所——日本統治後の台湾日本語俳句の空間から」『大阪大学 日本学報』二八号、二〇〇九年三月がある。

(33) 『開館5周年記念講演会俳句の国際化と松山』松山市立子規記念博物館、一九八七年、一四六頁。

(34) 磯田一雄「黄霊芝俳句観の展開過程——「台湾俳句」に向かうものと超えるもの」『天理台湾学報』一七号、二〇〇八年六月、一五頁。

(35) ほかにも、黄智慧「ポストコロニアル都市の悲情——台北の日本語文芸活動について」、大阪市立大学大学院文学研究科アジア都市文化学教室編『アジア都市文化学の可能性』(清文堂、二〇〇三年)が、台北における歌壇と俳句・川柳について論じている。

(36) 松永正義「台湾の日本語文学と台湾語文学」『台湾文学のおもしろさ』研文出版、二〇〇六年、一六四—一六六頁。

(37) 同前、一六三頁。佐佐木幸綱の文章は「異国の文芸」『朝日新聞』一九九五年六月二日付夕刊。

(38) 金廣烈「1940年代前半における日本警察の在日朝鮮人統制体制」、金廣烈・朴晋雨・尹明淑・任城模・許光茂著(朴東誠監訳)『帝国日本の再編と二つの「在日」——戦前、戦後における在日朝鮮人と沖縄人』明石書店、二〇一〇年、五六頁。

(39) 兵庫県協和教育研究会編『協和教育研究』兵庫県協和会、一九四三年、三四頁(樋口雄一編『協和会関係資料集Ⅳ』緑陰書房、一九九一年に収める)。

(40) 佐藤和之「生活者としての外国人へ災害情報を伝えるとき——多言語か「やさしい日本語」か」『日本語学』(特集　多言語社会・ニッポン)二七巻六号、二〇〇九年五月臨時増刊号)。

(41) 詳細は、安田敏朗『「多言語社会」という幻想——近代日本言語史再考Ⅳ』三元社、二〇一一年、序章を参照。

(42) 岡崎郁子『黄霊芝物語——ある日文台湾作家の軌跡』研文出版、二〇〇四年、二五七頁。

あとがき

「ことばはだれのものか」

この問いからはじまり、台湾の「かれらの日本語」の語り方を歴史的に参照しつつ、結局は「ことばはわたしのものでしかない」というやや強引かつ乱暴に思われるであろう主張に至るという、読者おいてけぼりの感がないでもない本が出来あがった。

前著『「多言語社会」という幻想――近代日本言語史再考Ⅳ』（三元社、二〇一一年）という論文集のあとがきで、一冊を書き下ろすだけの体力がもうなく、論文集としてまとめるか、「ひとつの論文をじわじわとひろげて一冊にする形かで世に問うやり方が、これからはあっているのかもしれない」と、えらそうに書いた。本書は後者の「ひとつの論文をじわじわとひろげ」たものに相当する。もとになったものは、「非母語話者の日本語はどのように語られてきたか――「台湾方言」「共栄圏日本語」「日本語クレオール」」（内田慶市・沈国威編著『言語接触とピジン――19世紀の東アジア』白帝社、二〇〇九年）である。この論文のもとになった報告は関西大学アジア文化交流研究センター主催のシンポジウム「近代東アジアにおける日本語」（二〇〇八年一〇月一一日）でおこなった「「誤謬」から「方言」、そして「言語」へ——非母語話者の日本語はどう語られたか」である。報告の場を与えてくださった方々、コメントをくださった方々に感謝したい。

この報告は、「日本語クレオール」という表現の仕方そのものへの違和感を示すためにおこなったのであるが(わたしは調査をしていないので、それが「クレオール」か否かを判断する立場にない)、どうやら周囲とは異なる言語変種が話されていることは確かなようではあるものの、それをいかなる根拠で「クレオール」でありひとつの「言語」と判断するのか、実はまだよくわからない。詳細な、そして貴重なデータは近々明らかになるだろうが、その内容に信は置けるにしても、ひとつの「言語」として認めさせたいという思いがかなり強いように思われてならない。「言語」か「方言」かの判断は常に政治の世界に投げこまれている、ということは社会言語学においてほぼ常識と化しているように思うのだが、あえてそこに踏みこんでいく決意が、伝わってこない。もちろん、決意があればよいというものでもなく、あるいはそうした点に無意識なのか、または話者が減っていくことに対する焦りがあるのか、などとも思ったのだが、それはまたそれでナイーブにすぎるだろう。「クレオール」をめぐる言説は、「かれらの日本語」のひとつの変奏として、いましばらくは議論の対象になるだろう。

ともあれ、そんなこんなを書いていくと、「ひとつの論文をじわじわ広げる」といっても(たとえ薄っぺらく伸ばしたものだとしても)、それなりに労力を必要とするので、結局は書き下ろしのようなものになってしまった。

なお、資料収集については、主として一橋大学図書館および広島大学図書館、そして岡本真希子さん、林琪禎さん、黄馨儀さんのご助力を得た。記して感謝したい。

台湾を舞台とした日本語論、という狙いが定めにくい内容ではあるのだが、近年台湾文学関係や台湾女性史関係で刊行点数を増やしている人文書院から出版できたのは、幸運なことであった。

人文書院からはじめて本を出していただいたのが、一九九九年の『〈国語〉と〈方言〉のあいだ——言語構築の政治学』であった。十二支が一巡し、当時はアルバイトで、いまは正社員となった伊藤桃子さんに、今回担当してもらった。二年ほど前になるが、おこがましいとは思いつつも、もとになった論文を読んでもらうところから、この本ははじまった。突然のことで、いい迷惑だったと思うのだが、嫌な顔ひとつせずに形あるものにまとめてくれた伊藤桃子さんと、出版を決断してくださった人文書院のみなさまに、心から感謝したい。

二〇一一年一〇月　二年連続のきつい夏バテを乗りきれた初秋に

安田敏朗

著者略歴
安田敏朗（やすだ・としあき）
1968年神奈川県生まれ。1991年東京大学文学部国語学科卒業。
1996年東京大学大学院総合文化研究科博士課程学位取得修了。博士（学術）。
現在，一橋大学大学院言語社会研究科教員。専門は近代日本言語史。
著　書　『植民地のなかの「国語学」　時枝誠記と京城帝国大学をめぐって』
　三元社，1997年
『帝国日本の言語編制』世織書房，1997年
『「言語」の構築　小倉進平と植民地朝鮮』三元社，1999年
『〈国語〉と〈方言〉のあいだ　言語構築の政治学』人文書院，1999年
『近代日本言語史再考　帝国化する「日本語」と「言語問題」』三元社，2000年
『国文学の時空　久松潜一と日本文化論』三元社，2002年
『脱「日本語」への視座　近代日本言語史再考Ⅱ』三元社，2003年
『日本語学は科学か　佐久間鼎とその時代』三元社，2004年
『辞書の政治学　ことばの規範とはなにか』平凡社，2006年
『統合原理としての国語　近代日本言語史再考Ⅲ』三元社，2006年
『「国語」の近代史　帝国日本と国語学者たち』中公新書，2006年
『国語審議会　迷走の60年』講談社現代新書，2007年
『金田一京助と日本語の近代』平凡社新書，2008年
『「多言語社会」という幻想　近代日本言語史再考Ⅳ』三元社，2011年
共著書　西成彦・崎山政毅編『異郷の死　知里幸恵，そのまわり』人文書院，
　2007年ほか
翻訳書　金賢娥『戦争の記憶　記憶の戦争　韓国人のベトナム戦争』三元社，2009年
解説書　平井昌夫　『国語国字問題の歴史』三元社，1998年
上田万年『国語のため』平凡社東洋文庫，2011年ほか

索　引

・台湾人・韓国人名は便宜上、日本漢字音で配列した。

二・二八事件　22, 139, 141
三・一独立運動　151

あ　行

アクセント　41-42, 80-87, 92, 93, 95, 101-105, 109, 145, 156, 160, 161, 236　⇔単一型アクセント
浅井 恵倫　101, 124, 125
朝日 祥之　33
『アジアの孤児』　85
アタヤル　→タイヤル族　85
安倍 清哉　209
安藤 正次　51, 54-56
飯田 彬　58, 188
伊沢 修二　35-36, 41, 124, 164, 177, 180-182, 190
石黒 修　166-169
磯田 一雄　233, 234
一語専用　53-54, 56-57
一視同仁　55, 90, 159, 163, 164
稲葉 継雄　191, 192
犬養 孝　229, 230
今井 祥子　32, 232
岩崎 玄　144, 147-149, 151-152, 154, 156, 158, 178
宇井 英　150
上田 万年　41, 124
植松 安　65
移川 子之蔵　205
王 育徳　142
大出 正篤　184, 188
大岡 信　226-229
魚返 善雄　150-151, 158, 178, 189
岡崎 郁子　232, 239
小川 尚義　124
小沢 有作　194

か 行

柯 徳三　13
柯 文徳　170
甲斐 文二　168
会話一元　49-50, 60, 64, 66-68, 74, 98, 179
郭 文生　87
学童用語の国語　90, 92, 95, 98, 117, 153, 200
金沢 裕之　111
金関 丈夫　105
鹿野 忠雄　132
上水流 久彦　19-21, 25-26, 30, 234
上山 満之進　124
佳山 良正　93, 126
川口 良　1
河路 由佳　169
川見 駒太郎　80-83, 88, 96-98, 112-115, 153
簡 月真　32-33, 202, 204-208, 211-212, 215
「カンナニ」　151
韓 茂淑　151
基礎日本語　100
北村 嘉恵　122, 123
キム・ソクボム　→金 石範
木村 万寿夫　94-95, 107, 147, 158-161, 163-167, 179-180, 189
共栄圏日本語　108-110
協和会　236
宜蘭クレオール　211, 212-214, 216　⇔日本語クレール
金 賢信　192
金 石範　222
金水 敏　97
釘本 久春　77, 183, 187, 193
草間 時彦　234
クレオール　153　⇔宜蘭クレオール，日本語クレール
言語識別　103-104
『原語による台湾高砂族伝説集』　124-125
言語文化研究所　187
呉 建堂　→孤蓬 万里
呉 濁流（呉 建田）　85
洪 郁如　24
黄 霊芝　196, 231-234, 239
公学校　24, 36-39, 44, 49, 60, 67, 73-76, 82-83, 85-87, 107, 121-122, 155

高女文化　24
会津 美穂　199-200
皇民化　33, 44, 48, 146, 155, 179, 181
国語家庭　45, 153
国語講習所　40
国語伝習所　35-36, 38
国語常用　37, 61-62, 67-68, 74
国民党（政府）　15, 19, 138-140
国立国語研究所　80, 144
国立精神文化研究所　158
国立民族学博物館　131
小林 よしのり　27
孤蓬 万里　82, 195, 225-227, 229-231, 234
近藤 正巳　205

さ 行

蔡 焜燦　27-28, 203
蔡 茂豊　185, 187, 189, 192
蔡 礼学　170
齊藤 義七郎　80, 84, 94
酒井 恵美子　203, 204
酒井 亨　13, 16
酒井 充子　23, 220-221
崎山 理　31
桜井 隆　97
佐々木 幸綱　234
佐藤 泉　222
真田 信治　31-32, 111, 202, 204-208, 211-212, 215-216
残留日本語　30-33
芝山巌　35-36, 124, 190
司馬 遼太郎　27, 196
柴田 廉　43, 228, 231
渋沢 敬三　131
島田 謹二　14
周 婉窈　45, 48
自由主義史観　198
蔣 介石　22, 142, 196
消滅の危機に瀕した言語　202, 214, 216
神保 格　83
杉本 つとむ　180-182

瀬川 孝吉　132
関 正昭　178
接触方言　33, 219
創氏改名　44
総動員体制　44

た 行

台中師範学校　106, 154
大東亜共栄圏　16, 57, 59, 90, 99, 167
台北一中　14
台北師範学校　49
台北帝国大学　51, 65, 88, 89, 93, 101, 105, 110, 124, 126, 133, 205
タイヤル族　34
台湾教育令　37, 39
『台湾山岳』　170
台湾山岳会　130, 131, 149, 170
台湾山岳協会　149, 174
『台湾人生』　23, 25, 43, 70, 220, 221
台湾中部大地震　65
「台湾登山小史」　129
台湾俳句歳時記　196, 219, 231, 233, 235
台湾博覧会　36, 126
台湾方言　34, 73, 87-88, 101, 104-105, 108-110, 114-117, 145, 195, 201
『台湾万葉集』　8, 82, 197, 219, 226-227, 230, 234-236
田中 薫　130-134, 169-172, 174-175
単一型アクセント　103
中華全国山岳協会　171
朝鮮　188, 190-191, 236
陳 培豊　44, 75, 138, 139, 158, 199, 230
土田 滋　203, 206-209
土屋 忠雄　46
堤 智子　27
角田 史幸　1
都留 長彦　110, 115
寺川 喜四男　84, 93, 101-103, 108-110, 201, 215
『トオサンの桜』, 23
土岐 哲　31
徳川 宗賢　214
登山　129-132, 169, 195
トタイ・ブテン　132, 171, 173

豊田 国夫　162-164, 166, 189

な 行

長沼 直兄　187
成田 龍一　152
二語併用　51-54, 56-57, 60-61, 109
日清戦争　35
日中戦争　44
日本語教育学会　186-187
日本語教育史　34, 177-180, 186, 188, 190, 192, 200
日本語教育振興会　183, 187
日本語クレオール　34, 172, 202-204, 206-208, 210, 212, 214-216　⇔宜蘭クレオール
日本語人　17, 227-229
日本語世代　16-17, 23, 28-29, 32, 199, 219-221
日本語族　17
日本精神　27-29, 64, 175
野上 弥生子　36, 126-129

は 行

破格の国語　95-98, 117, 153, 200, 204
ハン・ムスク　→韓　茂淑
蕃童教育所　39, 121-123
『半島の子ら』　57-58, 79, 188
久松 潜一　188
ピジン日本語　31, 97-98, 200
標準語　52, 67-68, 74, 79-80, 83, 86-87, 156-157
平沢 亀一郎　170
平塚 広義　126
平野 久美子　23, 149
平林 たい子　151
平松 誉資事　48-50, 75
広川 淑子　193
弘谷 多喜夫　193
福田 良輔　87-92, 95-100, 111, 112, 114, 116, 117, 153, 199, 200, 204, 215
普通学校　58
変態的国語　75-78
方 喜恩　211
星名 修宏　224

ま 行

前田 均　169
牧野 篤　15
松末 三男　94-95
松永 正義　140, 148, 234
馬淵 東一　124, 205
丸川 哲史　16, 143
萬田 淳　86, 168
三尾 裕子　123
三澤 真美恵　143
水野 遵　35
宮本 延人　205
霧社事件　39, 119, 133-134
モーナ・ルーダオ　133
森 宣雄　28
森崎 和江　152, 222-223
森田 芳夫　191

や 行

矢内原 忠雄　46-47
山口 修源　28-29
山崎 睦雄　50-51, 60-65, 67-68, 70, 72, 74-76, 79, 87, 156
山路 勝彦　129
湯浅 克衛　151
楊 素秋　153
芳野 菊子　149, 151, 158, 174, 195
吉原 保　94-95, 106, 108, 154-158, 161, 163, 166-167, 178, 195

ら 行

李 承機　137
李 壬癸　206
李 登輝　195, 196
リサール，ホセ José Rizal　144
理蕃課　118, 126, 129-130, 132

わ 行

若林 正丈　16
わたり音　94, 106-107

ISBN978-4-409-04102-4 C0081

かれらの日本語
――台湾「残留」日本語論

二〇一一年一一月二五日　初版第一刷印刷
二〇一一年一一月三〇日　初版第一刷発行

著　者　安田敏朗

発行者　渡辺博史
発行所　人文書院
〒六一二-八四四七
京都市伏見区竹田西内畑町九
電話〇七五(六〇三)一三四四
振替〇一〇〇〇-八-一一〇三
装丁　上野かおる
印刷　亜細亜印刷株式会社
製本　坂井製本所